APPRENDRE Python

Enfants et Débutants

Dominique ♦ SAGE

Votre eBook d'accompagnement GRATUIT contenant :

Tous les résumés de chapitre et les quiz de l'eBook *Enfants et Débutants*.

+BONUS #Astuces Python

Table des matières

LIVRE #1 : ENFANTS et DÉBUTANTS

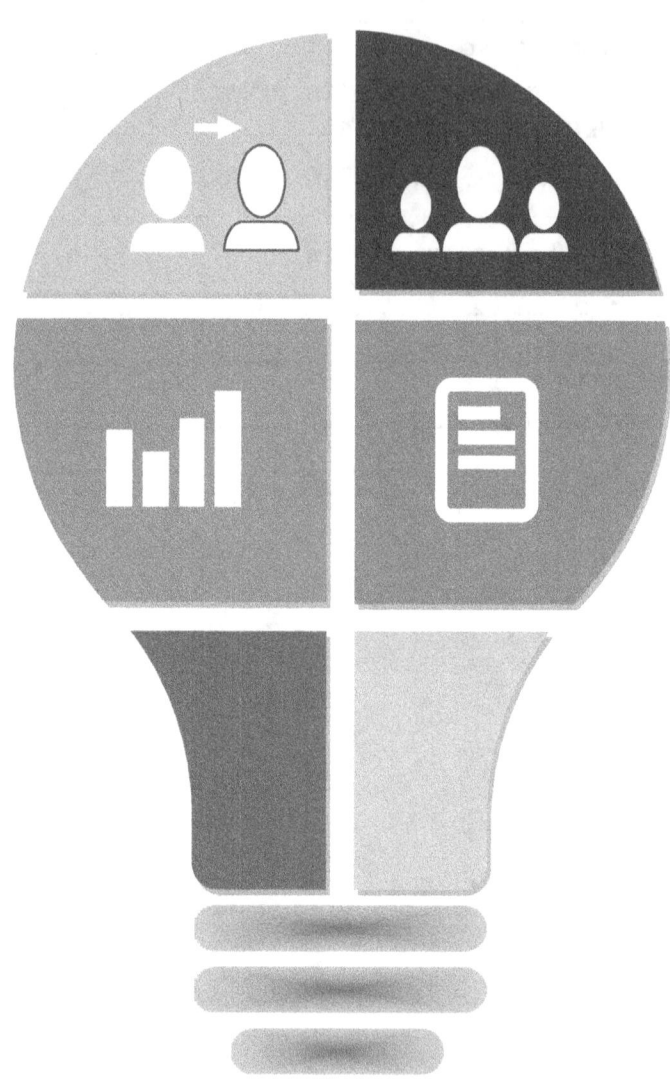

Introduction

"Vous êtes plus courageux que vous le croyez, plus fort que vous ne le semblez et plus intelligent que vous ne le pensez." - A. A. Milne

La programmation est devenue une compétence inestimable, même pour ceux qui ne s'intéressent pas au développement de logiciels, et c'est probablement l'une des raisons pour lesquelles vous êtes ici. Si vous cherchez un guide pratique pour vous apprendre les ficelles de la programmation Python et de la programmation en général, alors ce livre vous offrira un coup de main.

Possédant un diplôme en informatique, mais ayant aussi commencé très tard dans la vie à apprendre à coder, je souhaiterais vous l'enseigner le plus tôt possible. J'ai toujours souhaité que mes parents me poussent à apprendre la programmation dès mon plus jeune âge, mais j'ai dû aller à l'université pour découvrir ce nouvel intérêt. Je veux partager cet amour de la programmation avec vous et vous montrer que ce n'est pas la mer à boire, malgré ce que certains croient.

La programmation n'est pas différente de la lecture et de l'écriture. Tout ce qu'il faut, c'est de la pratique et un coup de main pour vous aider à surmonter les parties frustrantes. Dans ce livre, vous serez guidé à travers les concepts fondamentaux de la programmation Python et vous apprendrez tout pas à pas, de l'installation de Python au développement de jeux.

Vous commencerez par préparer votre environnement de travail et par acquérir tous les outils dont vous avez besoin. Ensuite, vous étudierez ce que sont les variables, comment les fonctions sont créées et pourquoi les boucles et les déclarations conditionnelles peuvent rendre les programmes si intelligents.

J'ai passé près de 20 ans dans l'industrie à programmer des applications, des jeux, ainsi que des projets personnels. Avec ce livre, je veux consacrer mon temps à partager mon expertise et mon expérience avec ceux qui rêvent de devenir un jour programmeurs, développeurs de jeux, développeurs de logiciels, ou ceux qui veulent simplement savoir de quoi il retourne. Alors, allons-y !

Chapitre 1:

Un Bon Départ!

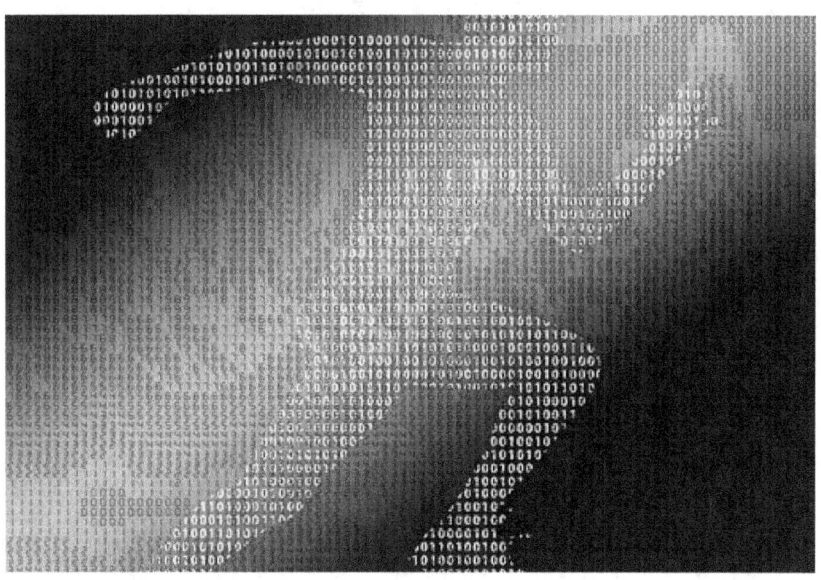

De nos jours, la programmation est devenue presque aussi essentielle que l'apprentissage de la lecture et de l'écriture. C'est une compétence précieuse que tout le monde peut utiliser, même s'il n'est pas programmeur. Par exemple, une tâche ennuyeuse comme l'envoi de courriels contenant des actualités et des informations sur la vie d'une entreprise peut facilement être automatisée grâce à la puissance du codage. Il n'est pas nécessaire d'effectuer des tâches ennuyeuses manuellement lorsqu'un simple programme peut être écrit pour faire le travail à votre place. C'est pourquoi il est si important d'apprendre à programmer. Cela peut aider n'importe qui, quel que soit l'endroit où il se trouve dans la vie.

La bonne nouvelle, c'est qu'apprendre à programmer n'est même pas aussi difficile que beaucoup aiment à le croire. Tout le monde peut apprendre à programmer dans n'importe quelle langue. C'est vrai, quel que soit votre âge et votre niveau de scolarité, vous pouvez apprendre à coder. Les enfants n'ont pas besoin d'être "doués" ou d'avoir des compétences particulières en mathématiques pour commencer. Le monde entier est en train d'être numérisé et automatisé. Si vous n'apprenez pas un jeune à programmer au cours de la prochaine décennie, il est fort probable qu'il sera sérieusement désavantagé dans la vie, mais heureusement, il est très simple de s'y mettre.

Apprendre à programmer n'a jamais été aussi facile. Aujourd'hui, chaque entreprise et organisation a besoin d'un certain niveau de programmation ou d'interaction avec la technologie. Mais la programmation n'est pas seulement un outil utile, elle est aussi amusante ! La programmation, c'est la capacité à résoudre des problèmes. Il s'agit de faire des recherches, de réfléchir et d'assembler les pièces du puzzle. Il peut même s'agir d'art et de créativité. De nombreux programmeurs, dont moi-même, ont développé une passion pour la programmation grâce à leur capacité à créer des jeux amusants ! Votre enfant peut facilement apprendre à diriger sa créativité vers la création d'un tout nouveau monde, avec une histoire et des scénarios intéressants. De nombreux programmeurs choisissent la voie artistique parce qu'ils ont besoin d'explorer leur créativité.

Mais qu'en est-il des applications ? Ne sont-elles pas beaucoup plus complexes ? La réponse est non ! Les applications mobiles, les jeux, les logiciels fantaisistes, ils reposent tous sur les mêmes concepts que nous allons explorer dans ce livre. Il est facile d'encourager votre enfant à s'amuser avec la technologie et à créer quelque chose, car il suffit de comprendre suffisamment bien les éléments de base pour les placer dans un certain ordre, souvent créatif.

En plus de tous les avantages mentionnés ci-dessus, la programmation est souvent une activité de groupe. Qu'il s'agisse de créer des applications ou des jeux, votre enfant aura l'occasion d'interagir et de socialiser avec d'autres enfants qui partagent les mêmes idées. Il existe de nombreux groupes en ligne, clubs de programmation, académies en ligne et autres canaux sociaux où votre enfant pourra apprendre avec d'autres à résoudre des problèmes, à créer quelque chose à partir de rien et surtout à se faire de nouveaux amis.

Cela étant dit, dans ce chapitre, nous allons commencer notre voyage en apprenant toutes les bases. Commençons donc par explorer le monde merveilleux de la programmation en apprenant d'abord les bases.

Les Bases

Aujourd'hui, tout est informatisé, qu'il s'agisse d'un téléphone, d'une montre, d'un aspirateur, d'une sonnette, etc. Nous utilisons la programmation pour dire à tous ces gadgets ce qu'il faut faire. N'oubliez pas que cela inclut également les applications. Nous leur disons ce qu'ils doivent faire et ils le font. Par exemple, nous pouvons créer un jeu simple, qui est aussi une application qui nous permettra de prendre le contrôle d'un modèle de vaisseau spatial, de le déplacer de haut en bas et de tirer des missiles. Ces applications peuvent prendre de quelques lignes de codes à des milliers. Cela peut sembler effrayant au premier abord, mais l'idée est de résoudre un petit problème à la fois. On ne regarde pas un livre en pensant qu'il est trop long et effrayant pour se donner la peine de le lire, n'est-ce pas ? Bien sûr que non ! Vous allez chapitre par chapitre, page par page et vous absorbez ses connaissances.

Alors, par où commencer ? Par où commencer ? En utilisant notre exemple de vaisseau spatial, nous commencerions par dessiner ou écrire notre idée. La meilleure approche consiste à coucher nos pensées sur un morceau de papier. Nous pouvons utiliser notre imagination et réfléchir à ce que nous devons faire et au problème à résoudre. Une fois que nous avons un plan, nous pouvons commencer à coder. Mais pour ce faire, nous devons d'abord télécharger et installer certains outils qui nous permettront de programmer une application ou un jeu. Dans ce chapitre, nous allons nous concentrer sur la préparation. Après tout, avant de pouvoir écrire vos devoirs, vous avez besoin de papier et d'un stylo. Nos outils de programmation ne sont pas différents de cela.

Pour commencer à programmer, nous devons comprendre le langage de l'ordinateur. Les ordinateurs ne parlent pas comme nous. Ils prennent des commandes, une à la fois, et malheureusement ils ne parlent pas un anglais simple, donc nous devons apprendre le langage de l'ordinateur. La programmation se fait dans un certain nombre de langages que tout ordinateur peut comprendre, tels que C, C++, Python, JavaScript, Ruby, et bien d'autres encore. Tous ces langages nous permettent d'apprendre à notre ordinateur ce qu'il doit faire. Dans ce livre, cependant, nous allons explorer Python, qui est un langage simple, mais assez puissant pour vous permettre de coder à peu près tout, y compris des jeux.

Python est un langage de programmation complet qui est enseigné dans de nombreux cours à travers le monde. Certains commencent à l'apprendre à l'école primaire, tandis que d'autres l'étudient dans des cours de génie logiciel et d'informatique à l'université. Ce langage de programmation puissant, mais facile à comprendre, est même utilisé par certaines des technologies les plus populaires dans le monde. Par exemple, YouTube et Gmail sont parmi les exemples les plus connus, parmi beaucoup d'autres. Maintenant, pour vous mettre sur la voie de l'apprentissage de Python, nous devons effectuer trois actions. Nous devons d'abord télécharger Python sur le site officiel, puis l'installer sur votre ordinateur. Une fois que vous avez fait cela, nous pouvons nous essayer à la création d'un programme de base. Mais d'abord, pourquoi apprendre Python ? Si vous aimez les jeux ou si vous regardez les grands développeurs de logiciels, vous verrez que beaucoup d'entre eux utilisent C++, C# ou d'autres langages.

Pourquoi Python est le meilleur point de départ

Python est un langage de programmation qui est recommandé aux enfants et aux débutants en particulier pour une raison simple. C'est le langage le plus facile à lire et à comprendre en raison de sa ressemblance avec l'anglais écrit. Alors que d'autres langages peuvent avoir des mots-clés inhabituels ou une syntaxe apparemment étrange, Python est aussi proche que possible de l'anglais. Et pour ceux qui n'ont pas de notion d'Anglais c'est donc du "deux en un", vous apprenez un langage de programmation tout en apprenant une nouvelle langue. Voici un exemple simple utilisant le premier programme traditionnel que tout débutant écrit alors qu'il commence à peine :

```
print ("Hello, world!")
```

Comme vous pouvez le voir, vous n'avez pas besoin de connaissances en programmation pour comprendre ce qui se passe. C'est si simple que même un enfant, avec des notions basics d'anglais, peut comprendre cette ligne sans rien connaître au codage. Nous parlerons plus tard de ce qui se passe dans ce programme simple. Pour l'instant, vous et votre enfant devriez savoir que Python est beaucoup plus facile à lire et à écrire que d'autres langages de programmation plus sophistiqués. Cet exemple, bien qu'extrêmement rudimentaire, n'est pas différent des programmes plus complexes écrits en Python. Il s'agira simplement de séries de lignes de code similaires à celle ci-dessus. Cela étant dit, voyons les autres raisons pour lesquelles votre enfant devrait commencer à utiliser Python plutôt que d'autres langages et pourquoi vous devriez encourager ses intérêts dès le plus jeune âge :

1. Python est intuitif : Nous en avons déjà parlé brièvement, mais on ne le dira jamais assez. Le python se lit comme de l'anglais. C'est pourquoi même les écoles primaires et les lycées commencent à intégrer la programmation en Python dans leur programme d'études. Python est le langage parfait pour intéresser les enfants au codage, car il leur permet de transformer leurs idées créatives en résultats tangibles sur l'écran de l'ordinateur. Ils peuvent imaginer un programme ou un jeu, puis l'écrire simplement en utilisant une logique de base. De plus, Python implique beaucoup moins de lignes de code nécessaires pour réaliser une certaine action. Par exemple, Java et C++, bien qu'ils soient des normes industrielles et des langages de programmation très populaires, nécessitent beaucoup plus d'étapes pour réaliser une action. Cela signifie qu'un enfant devrait se battre davantage pour écrire la même idée, et cela peut facilement engendrer de la frustration. Ce que nous voulons, c'est que l'enfant s'amuse tout en apprenant, car cela le motivera encore plus. Le python est tout simplement logique et il permet aux enfants de se concentrer sur l'apprentissage de la pensée logique et de la résolution de problèmes, au lieu de lutter contre une syntaxe de codage complexe.

2. Python est accessible : Un autre avantage majeur est le fait que Python est facile à installer chez soi et qu'il est disponible gratuitement. Python ne nécessite pas de licence, donc vous n'avez pas besoin de payer quoi que ce soit pour l'utiliser. Il est disponible sous une licence open source, ce qui signifie que tout le monde peut l'utiliser, que ce soit pour l'éducation ou même à des fins commerciales. Vous êtes même autorisé à écrire vos

propres distributions et bibliothèques Python et à les vendre, même si elles sont toujours similaires à la version officielle. Qui sait, peut-être que votre enfant fera un tabac, et sans que cela ne lui coûte quoi que ce soit. En ce qui concerne le sujet financier, en tant que parent, vous devez également savoir que vous n'avez besoin d'aucune technologie sophistiquée pour installer Python. Tout ce dont vous avez besoin, c'est d'un ordinateur de bureau ou portable, et peu importe le système d'exploitation qu'il utilise. Que vous ayez un ordinateur qui fonctionne sous Windows, Linux ou Mac, vous pouvez installer Python tout aussi facilement sur les trois. Il vous suffit de visiter la page officielle, de télécharger Python et de suivre le processus d'installation. Nous en parlerons plus en détail dans la prochaine section.

3. Python aide au développement des enfants : Python, ou la programmation en général, n'est pas seulement destiné à ceux qui sont déterminés à poursuivre une carrière dans l'informatique ou le développement de jeux. La programmation peut aider un enfant à développer des compétences en matière de résolution de problèmes qui sont si cruciales dans notre vie quotidienne. De plus, elle les aide à développer leur capacité à penser de manière critique. Mais les avantages ne s'arrêtent pas là. Même si vous pensez que votre enfant ne s'intéressera pas à la programmation ou aux mathématiques plus tard dans sa vie, apprendre à programmer l'aidera à développer ses compétences en matière d'écriture et de pensée créative également. Tout cela est dû au fait que votre enfant devra combiner l'esprit critique et la créativité pour résoudre des problèmes lors de la création de programmes ou de jeux. Cette combinaison entre logique et créativité aura un impact puissant, peu importe ce que l'enfant choisira de faire plus tard.

4. Python est là pour rester : Python s'est imposé comme l'un des meilleurs langages, non seulement pour les débutants, mais aussi pour les experts de l'industrie. Par exemple, Python est également utilisé en informatique, en analyse, en apprentissage machine, en développement d'intelligence artificielle, en robotique et bien d'autres choses encore. C'est un langage puissant, polyvalent et efficace qui peut être utilisé avec n'importe quoi, et il peut être combiné plus tard avec d'autres langages de programmation

plus complexes comme le C++. Grâce à ces points, Python est tout à fait à l'épreuve du futur, et même dans dix à vingt ans, votre enfant pourra encore travailler avec Python. Comme mentionné précédemment, Python est aujourd'hui utilisé derrière certaines des technologies et des entreprises les plus puissantes du monde. Amazon, Google, Facebook, la NASA, YouTube et bien d'autres encore font confiance à Python. Comme le langage est un élément central de tous ces grands noms, il ne disparaîtra pas de sitôt. Et même si d'une manière ou d'une autre Python disparaissait dans le vide, il est si facile de passer à un autre langage de programmation quand on en maîtrise déjà un. Par exemple, la plupart des gens qui sont experts en Python peuvent devenir des programmeurs compétents dans d'autres langages comme C# ou JavaScript en quelques semaines, et non en quelques années.

Si vous n'êtes toujours pas sûr que Python soit le bon point de départ pour votre enfant, il existe d'autres alternatives. Peut-être votre enfant est-il encore trop jeune, ou vous craignez que la syntaxe du langage ne soit trop difficile et frustrante. Ce n'est pas un problème ! Si votre enfant est trop jeune pour un langage de programmation complet, vous pouvez envisager une alternative telle que Scratch. Le Scratch est un langage de programmation visuel par blocs développé par le MIT et destiné uniquement aux enfants dans le but de les initier au monde de la programmation. Il suffit à l'utilisateur de se rendre sur le site officiel et d'utiliser une interface utilisateur en mode bloc pour créer n'importe quel projet.

Cette alternative ne peut pas être qualifiée de langage de programmation approprié car elle n'est pas entièrement personnalisable par le programmeur et elle est limitée lorsqu'il s'agit de projets complexes. Toutefois, elle s'adresse aux enfants de plus de 8 ans et, grâce à son aspect visuel, votre enfant peut se concentrer uniquement sur le développement de sa créativité et de ses capacités à résoudre des problèmes sans se soucier de la théorie de la programmation et de la syntaxe du code. Les créateurs de Scratch ont réalisé que les compétences nécessaires pour coder des applications informatiques sont devenues un aspect important de l'alphabétisation. Par conséquent, cette alternative à Python pousse encore l'enfant à concevoir des projets, à résoudre des problèmes et à partager des idées avec une vaste communauté en ligne.

Dans ce livre, cependant, nous nous concentrerons sur Python, mais vous devriez toujours considérer Scratch comme une simple alternative en ligne, facilement accessible, si vous pensez que ce serait mieux comme point de départ. Une fois que votre enfant sera sorti de Scratch, Python sera là pour stimuler encore plus sa créativité et sa façon de penser.

Maintenant, revenons à Python et commençons l'installation sur votre ordinateur.

Installer Python

Comme mentionné précédemment, Python est gratuit et nous pouvons le télécharger sur le site officiel à l'adresse suivante : https://www.python.org/. Pour télécharger Python, il suffit de passer par le menu de téléchargement et de choisir le système d'exploitation approprié. Si votre ordinateur fonctionne sous Windows, il vous suffit de cliquer sur Windows et de sélectionner la dernière version de Python à télécharger.

Ci-dessous les étapes pour les ordinateurs sous Windows :

1.   Cliquer sur « Downloads » (Téléchargement)

2.   Cliquer sur « Windows »

3.   Cliquer sur la dernière version de « Python »

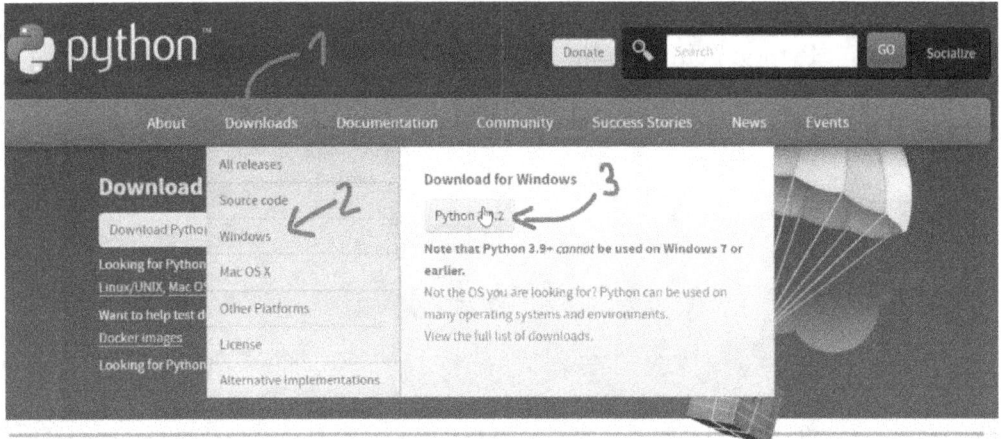

Faites de même si votre machine fonctionne sous Mac OS X, Linux ou tout autre type de système. Lorsque le téléchargement est terminé, vous le trouverez très probablement dans le dossier ou le répertoire "Téléchargements" de votre ordinateur. Il suffit de double-cliquer sur le fichier téléchargé pour lancer le processus d'installation à proprement dit.

Lorsque nous installons Python, nous installons aussi automatiquement IDLE. Il s'agit d'un outil dans lequel nous allons taper notre code. Il est similaire à un traitement de texte, comme Microsoft Word ou Google Docs, mais il est utilisé pour écrire et modifier du code au lieu d'un simple texte. Le processus d'installation est très simple et direct, il suffit donc de suivre les instructions. Comme d'habitude, vous devrez cliquer sur "Install Now" *(Installer Maintenant)* puis plusieurs fois sur "Next" *(Suivant)*, attendre que le processus d'installation soit terminé et le tour est joué, Python est prêt à fonctionner.

Comme alternative à l'installation de Python sur votre ordinateur, vous pouvez également utiliser le *shell* interactif en ligne, que vous trouverez sur le site officiel de Python à l'adresse https://www.python.org/shell/. En termes de programmation, le *shell* est simplement une fenêtre d'ordinateur qui vous permet de taper des lignes de code ou des commandes que l'ordinateur va exécuter. Le *shell* en ligne fonctionne pratiquement de la même manière que celui fourni par IDLE, sauf que vous ne pouvez pas sauvegarder votre travail. Donc, si vous voulez faire rapidement quelques exercices tout en apprenant, vous pouvez simplement lancer le *shell* en ligne et vous amuser. C'est une excellente alternative si vous ou votre enfant voyagez beaucoup, ou si vous devez changer de système assez souvent. Python peut toujours être à votre portée.

Votre premier programme

Maintenant, lançons IDLE et essayons-le. Allez dans votre menu de démarrage, ou à l'endroit où vous avez choisi d'installer Python et IDLE, puis lancez-le. Vous verrez que IDLE est également une interface utilisateur en mode texte comme le *shell* en ligne et vous l'utiliserez pour taper des lignes de commandes Python. Lorsque vous ouvrirez la fenêtre pour la première fois, la première chose que vous verrez est ce symbole ">>>". C'est l'invite de commande et elle symbolise que le programme, ou le système, est prêt à prendre en compte vos instructions. En d'autres termes, nous pouvons commencer à programmer ! Tapons donc la ligne suivante :

print ("Hello, world!")

Maintenant, appuyez sur la touche Entrée ou Retour du clavier et observez comment le *shell* va vous répondre. Vous verrez qu'une ligne de texte, à savoir "Hello, world !", sera imprimée sur votre écran. Félicitations, vous venez d'écrire votre premier programme ! Oui, il s'agit bien d'un programme, et c'est le premier que tous les programmeurs écrivent à leurs débuts. Pourquoi est-ce un programme, vous demandez-vous ? Eh bien, notre but était d'avoir une certaine ligne de texte affichée à l'écran pour nous. Nous avons écrit une ligne de code qui a résolu notre problème et atteint notre objectif. En d'autres termes, nous avons construit une application, aussi élémentaire soit-elle. Maintenant, faisons un pas de côté et voyons ce qui se passe dans notre petit programme.

Les lignes de code sont décomposées en éléments de base, ou blocs de construction. Nous pensons à jouer avec des Legos et à combiner chaque bloc pour créer quelque chose d'amusant et d'excitant. La programmation en général suit le même principe. Notre programme commence par le mot-clé *"print"*. C'est ce qu'on appelle une fonction et les fonctions sont celles qui commandent à l'ordinateur de faire quelque chose pour nous. Si nous savons qu'il s'agit d'une fonction, c'est parce qu'elle est suivie de parenthèses qui contiennent certaines informations. À l'intérieur des parenthèses, nous avons tapé une sortie que nous voulons que la fonction affiche. *Print* est un exemple simple d'une des nombreuses fonctions qui se trouvent par défaut en Python. Elles sont également connues sous le nom de fonctions intégrées, ce qui signifie que nous pouvons toujours les utiliser dans n'importe quel programme que nous écrivons. Nous pouvons également créer nos propres fonctions personnalisées, mais nous n'en parlerons pas pour l'instant.

Entre les parenthèses, nous avons une courte phrase : "Hello, world !". Dans la programmation, cette phrase serait également appelée une séquence de caractères, et ils sont mis entre guillemets. Les guillemets sont importants, car tout ce qui est en dehors d'eux est une commande directe à l'ordinateur. À l'intérieur des guillemets, nous avons quelque chose que l'on appelle une chaîne de caractères. Cela signifie que "Bonjour, le monde" n'est pas une commande que l'ordinateur doit exécuter. C'est juste un morceau de texte qui ne signifie rien pour l'ordinateur. C'est juste quelque chose que nous voulons afficher sur nos écrans, comme un message.

Normalement, les programmes seront plus longs que celui-ci, mais le *shell* que nous utilisons actuellement n'est pas la meilleure option. Dans ce cas, nous devons utiliser un éditeur de code à la place. Heureusement, Python est déjà doté d'une option d'édition et tout ce que nous devons faire dans IDLE est de cliquer sur *File (Fichier)* pour ouvrir le menu et ensuite sélectionner *File > New File (Nouveau Fichier)*. Cela ouvrira une nouvelle fenêtre, appelée "untitled" *(sans titre)*.

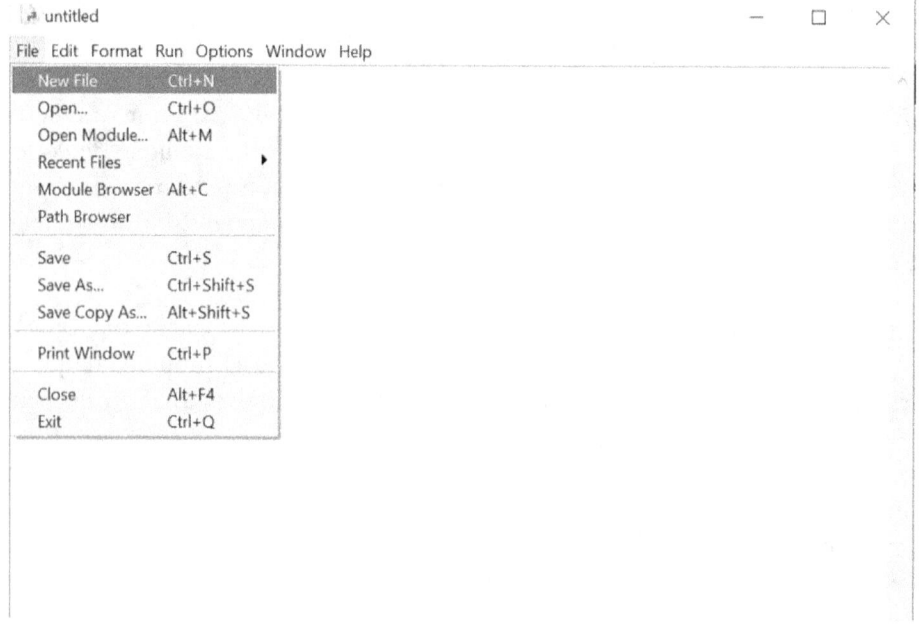

Commençons à écrire un programme un peu plus complexe. Tapez les lignes suivantes dans l'éditeur:

```
# MyProgram.py

myName = input ("What's your name?\n")

print ("Hello, ", myName)
```

La toute première ligne que nous avons n'est pas une véritable commande ou ligne de code. Elle est appelée un commentaire et nous pouvons l'identifier parce que la ligne commence par le symbole d'hashtag "#". Tout ce qui suit un symbole d'hashtag est ignoré par le programme et l'ordinateur ne fait rien. L'objectif de ces commentaires est de nous rappeler, en tant que programmeurs, à quoi sert notre bloc de code. La rédaction de commentaires informatifs aidera également les autres programmeurs qui pourraient travailler avec nous à comprendre le fonctionnement de notre code. Imaginez que vous commencez à écrire un jeu et que vous décidez de faire une pause et de travailler sur autre chose. Lorsque vous reviendrez à ce jeu, vous serez probablement confus et vous devrez lire et relire votre code, en déterminant ligne par ligne ce que vous vouliez faire. Cependant, grâce aux commentaires, vous ou vos amis saurez immédiatement quelle était l'idée derrière le code.

Dans la deuxième ligne du programme, nous demandons simplement à l'utilisateur du programme d'écrire son nom. Une fois qu'il aura déclaré son nom, le programme s'en souviendra sous la forme de la variable que nous avons créée, appelée "myName". En créant cette variable, nous pourrons l'appeler dans la ligne suivante. La troisième ligne affiche simplement "Hello, " et le nom de l'utilisateur qui a été mémorisé par le programme auparavant. Vous remarquerez également que nous avons laissé un espace après la virgule, et avant de fermer les guillemets. C'est parce que les espaces vides entre les mots doivent être spécifiés, sinon l'ordinateur ne saura pas comment séparer les mots les uns des autres.

Nous pouvons maintenant exécuter notre nouveau programme en cliquant sur le menu *Run (Exécuter)* et en choisissant "Run Module" *(Exécuter le module)*.

 *untitled*

File Edit Format Run Options Window Help

```
#MyProgram.p  [ Run Module          F5  ]
myName=input
print("Hello    Run... Customized   Shift+F5
                Check Module        Alt+X
                Python Shell
```

À ce stade, l'éditeur vous demandera d'abord de sauvegarder votre programme. N'oubliez pas qu'il est toujours appelé " untitled" *(sans titre)* par défaut. Nous allons l'appeler "MonProgramme" comme mentionné dans notre commentaire de première ligne. L'ordinateur va maintenant enregistrer l'application sous le nom de fichier "MonProgramme.py". Comme vous l'avez peut-être deviné, "py" est l'abréviation de Python. Maintenant que le programme est sauvegardé, il va commencer à s'exécuter. Le *shell* Python s'ouvrira et le programme affichera la question " What's your name? " *(Quel est ton nom ?)* Tout ce que vous avez à faire est de répondre à ce que votre programme veut, par exemple avec "Bob", et il affichera "Hello, Bob". Maintenant, puisque c'est tout ce que nous avons dit à notre programme de faire, il se fermera immédiatement après l'impression du message et vous verrez l'éditeur vous inviter une fois de plus à écrire plus de code. Les programmes prennent les choses au pied de la lettre. D'une certaine manière, ils sont comme des petits enfants. Vous dites "mangez vos légumes" et parfois ils font ce que vous dites, comme un enfant. Mais la plupart du temps, ils vous donneront une erreur, comme un petit malin, et attendront simplement en vous regardant parce que vous avez oublié de donner les instructions pour prendre la fourchette et de piquer le légume. C'est pourquoi la programmation est parfois relaxante (ou frustrante) pour les adultes, mais amusante pour les enfants. Vous devez tout expliquer et faire preuve de créativité. Maintenant, faites une petite pause avec votre enfant et soyez créatif ! C'est vrai, vous avez déjà assez d'informations pour commencer à jouer avec le programme. Votre jeune codeur aimera certainement la façon dont l'ordinateur semble lui parler. C'est comme si vous regardiez un dessin animé où l'ordinateur parle et interagit directement avec le personnage. Laissez donc votre enfant s'amuser en ajoutant des lignes supplémentaires au code qui demandent l'âge ou les passe-temps. Laissez votre enfant épeler son nom plusieurs fois. Les enfants s'amusent à faire épeler leur nom à l'ordinateur une douzaine de fois de suite. Par-dessus tout, faites de l'apprentissage une expérience amusante et vous verrez bientôt qu'apprendre à programmer se transforme en jeu avec l'ordinateur.

Résumé

La programmation en python et la programmation en général n'est rien d'autre qu'un jeu qui consiste à résoudre des énigmes et à trouver des solutions créatives. Tout commence par un problème. Après tout, une application est une solution à un problème que nous avons tous. Vous utilisez tout ce que vous savez sur la programmation pour résoudre ce problème et, ce faisant, vous apprenez quelque chose de nouveau. La résolution de problèmes implique également de la recherche, il est donc impossible de ne pas enrichir votre trésor de connaissances. En fin de compte, vous avez entraîné votre cerveau comme un muscle et vous vous sentez heureux d'avoir trouvé la réponse à votre énigme.

Dans ce chapitre, nous avons résolu plus d'un problème. Nous avons appris pourquoi Python est parfait pour débuter. C'est comme apprendre à parler un nouveau langage, n'est-ce pas ? Dès que vous apprenez 10 mots, vous commencez à les mélanger pour voir quelles phrases vous pouvez faire. C'est la même chose avec la programmation.

Dans le prochain chapitre, vous ajouterez à vos mots connus et vous apprendrez à résoudre encore plus de problèmes. Alors gardez votre éditeur Python à portée de main et amusons-nous !

Chapitre 2:

S'amuser avec les Variables

Jusqu'à présent, nous n'avons écrit que quelques programmes de base qui ne font pas vraiment grand-chose. Le premier programme affiche simplement un message clair, et le second est assez simple, même si nous pouvons interagir avec lui et même le développer un peu. Dans ce chapitre, nous allons creuser un peu plus pour mieux comprendre la programmation et apprendre à faire des programmes plus intelligents.

Dans le chapitre précédent, nous avons également mentionné ce qu'on appelle une variable. Dans ce chapitre, nous allons étudier un peu de théorie car il faut une base solide. C'est peut-être un peu ennuyeux, mais nous allons le combiner avec quelques exemples amusants. Dans ce chapitre, nous apprendrons ce que sont les variables et nous explorerons les principales catégories de variables, à savoir les nombres, les chaînes de caractères, les listes et bien plus encore.

Qu'est-ce qu'une variable?

Dans notre bref problème, nous avons créé une variable appelée "myName" *(MonNom),* mais de quoi s'agit-il exactement ? Les variables sont des choses dont votre ordinateur se souviendra tout au long du programme. Elles contiennent certaines informations que nous leur ajoutons. C'est comme si on ajoutait des chansons à votre téléphone. Le téléphone les mémorise jusqu'à ce que vous les supprimiez, et vous pouvez toujours les écouter. Les variables fonctionnent de la même manière, mais l'ordinateur stocke les informations que vous ajoutez à la variable dans sa propre mémoire. L'objectif des variables est de faciliter l'accès à un ensemble d'informations. Par exemple, dans notre programme précédent, nous pouvions également utiliser les informations de la variable sans avoir besoin de la variable elle-même. Cependant, si nous avions besoin de ces informations plus d'une fois dans notre programme, nous devrions réécrire la même ligne de code plusieurs fois. En créant une variable et en y inscrivant les informations, il nous suffit d'appeler cette variable. Il est plus facile d'écrire un mot plusieurs fois dans votre programme que d'écrire plusieurs lignes de code chaque fois que vous en avez besoin.

Les variables sont de différents types et Python peut les mémoriser toutes. Par exemple, nous pouvons avoir des nombres comme 42 et 23.99. Mais nous pouvons aussi avoir des chaînes de caractères, qui comprennent des mots, des lettres et tout ce que vous pouvez taper à l'aide de votre clavier.

Dans la plupart des langages de programmation, y compris Python, nous devons attribuer une valeur à une variable. Nous le faisons en utilisant le signe égal. Par exemple, "n = 10" signifie que nous avons attribué la valeur "10" à la variable "n". Ainsi, l'ordinateur se souviendra de la valeur de 10, et nous y aurons accès chaque fois que nous appellerons "n" pour sortir et jouer. Nous avons utilisé le même procédé dans notre dernier programme en attribuant une chaîne de caractères à une variable. Voici un autre exemple ci-dessous :

myName = "Max"

N'oubliez pas que les mots sont des chaînes de caractères et qu'ils doivent être placés entre guillemets, sinon nous obtiendrons une erreur. Dans cet exemple, nous attribuons la valeur de Max à la variable "myName". Comme vous pouvez le voir, la règle est de déclarer la variable en écrivant d'abord son nom, puis d'utiliser le signe "=" pour déclarer sa valeur sur le côté droit.

N'oubliez pas que les variables peuvent porter n'importe quel nom. Dans cet exemple, nous avons utilisé "myName" car il décrit l'objectif et le contenu de la variable. Nous pouvons également l'appeler "my_awesome_and_amazing_name" *(mon_magnifique_et_incroyable_nom)* bien que cela puisse être un peu trop long. Cela fonctionnera tout aussi bien. Les variables peuvent porter n'importe quel nom, mais il est plus facile de les lire si elles sont liées aux informations qu'elles contiennent.

Cependant, il y a certaines règles que nous devons suivre lorsque nous donnons un nom à une variable:

1. La variable doit commencer par une lettre.

2. Tout ce qui suit la première lettre peut être d'autres lettres, ou des chiffres et des symboles. Par exemple, nous pouvons aussi utiliser le symbole de tiret bas comme ceci, my_name, et cela aura le même effet. Vous pouvez écrire les noms de vos variables comme vous le souhaitez, de manière à ce qu'ils soient plus faciles à lire.

3. On ne peut pas laisser d'espaces vides. Par exemple, si nous écrivons "my name" au lieu de " myName " ou " my_Name ", nous obtiendrons une erreur. L'utilisation d'un espace vide pour séparer les mots ferait croire à Python que nous essayons de déclarer deux variables. Mais, comme nous le faisons mal, nous obtiendrons une erreur.

4. Les variables Python sont sensibles à la casse. Cela signifie qu'il importe que nous utilisions des lettres minuscules ou que nous les mettions en majuscules. Par exemple, la variable myName est entièrement différente de la variable MyName. Vous pouvez les utiliser toutes les deux en même temps, mais elles représenteront des valeurs différentes. Peu importe que vous mettiez la première lettre en majuscule ou non. Vous êtes libre de choisir. Mais, une fois que vous avez décidé de choisir une lettre minuscule, vous devez utiliser le même style de dénomination dans tout le programme. De cette façon, nous évitons toute

confusion. Dans ce livre, nous allons nous en tenir à nommer nos variables comme suit : myName, bigNumber *(grandNombre)*, greenCar *(voitureVerte)*, etc.

Maintenant, écrivons un autre petit programme pour essayer quelques variables et comprendre comment elles fonctionnent. Créez un nouveau programme et appelez-le comme vous voulez, puis tapez les lignes de code suivantes et puis enregistrez-le :

myName = "Max"

myAge = 14

yourName = input ("What's your name?")

yourGame = input (" What's your favorite game?")

print ("My name is", myName, ", and I am", myAge, "years old")

print ("Your name is", yourName, ", and your favorite game is", yourGame)

print ("Let's play together")

Ce programme n'est pas différent du précédent que nous avons écrit. Il a juste plus de variables et plus de lignes de code. Nous demandons d'abord au programme de mémoriser "myName" *(monNom)* et "myAge"*(monAge)*. Ensuite, celui qui exécute l'application sera invité à se présenter en tapant son nom et son jeu préféré. Ces valeurs seront ensuite mémorisées par l'ordinateur sous la forme de deux autres variables appelées "yourName" *(tonNom)* et "yourGame" *(tonJeu)*. Nous avons une fonction de saisie (nous reviendrons plus tard sur les fonctions), ce qui signifie que nous voulons que la personne qui exécute le programme tape quelque chose sur son clavier. C'est ce qu'on appelle aussi "to input" *(entrer)*, ce qui explique pourquoi la fonction est appelée une entrée. Enfin, nous avons un tas de chaînes de caractères écrites entre guillemets. Ces guillemets sont également appelés "prompts" parce qu'ils invitent (demandent) l'utilisateur à saisir. Enfin, à la fin du programme, nous commandons au programme d'afficher les valeurs qui sont mémorisées par les variables. Si vous exécutez correctement le programme, vous verrez que l'ordinateur se souviendra de tout ce que vous lui avez programmé à mémoriser.

Maintenant que vous avez une idée générale des variables et que vous savez ce qu'elles sont et comment elles fonctionnent, commençons à parler d'un type particulier de variable : le nombre.

Les Nombres

Comme mentionné précédemment, les variables peuvent être utilisées autant de fois que nous le souhaitons dans la même application sans avoir à répéter le même code lorsque nous l'avons écrit. L'une de ces variables concerne les chiffres. Après tout, les ordinateurs sont excellents pour faire des mathématiques. En fait, les ordinateurs peuvent effectuer des calculs si difficiles en si peu de temps que, quelle que soit votre compétence en mathématiques, vous ne pouvez tout simplement pas rivaliser. Nous sommes peut-être meilleurs que les ordinateurs dans certains domaines, mais le traitement mathématique n'en fait pas partie. Heureusement, Python nous permet d'effectuer un certain nombre d'opérations en utilisant quatre types de nombres, mais dans cette section, nous ne nous concentrerons que sur deux d'entre eux car ils sont utilisés dans neuf cas sur dix.

En Python, nous travaillerons avec deux catégories de nombres, à savoir les nombres entiers et les nombres à virgule. Les entiers ou nombres entiers relatifs sont des nombres tels que 8, 453, 34, 0, -22, etc. Gardez à l'esprit que le zéro est également un entier, ainsi que les nombres négatifs dans la mesure où ce sont des nombres entiers relatifs. Les nombres à virgule, en revanche, sont par exemple des nombres décimaux, comme 2.1, 3.0, 0.256, etc. Et oui, le nombre à virgule « 2,1 » s'écrit « 2.1 » dans notre programme, le « . » fait office de virgule.

Les deux autres types de nombres que nous avons sont les booléens et les nombres complexes. Les booléens ne peuvent avoir que deux valeurs, vraie ou faux. C'est aussi simple que cela ! Les nombres complexes, par contre, impliquent des mathématiques complexes, comme le travail avec des nombres imaginaires, donc nous ne nous concentrerons pas sur cela, aussi amusant que cela puisse paraître.

Les nombres entiers sont le type de nombre le plus souvent utilisé parce que les nombres entiers sont utilisés chaque fois que vous devez compter quelque chose ou lorsque vous effectuez des opérations mathématiques de base, comme 10 - 2 = 8. Par exemple, lorsque vous écrivez un programme qui implique de demander à l'utilisateur son âge, vous utiliserez des nombres entiers, ou des entiers en d'autres termes. Après tout, vous ne direz à personne que vous avez 12,4 ans, n'est-ce pas ?

D'autre part, les nombres à virgule, comme par exemple les nombres décimaux, sont utilisés lorsque nous devons travailler avec des fractions. C'est à dire, lorsque nous avons besoin de connaître la distance, le poids de quelque chose, les prix, etc. Par exemple, nous aurons un nombre à virgule lorsque nous déclarerons le prix d'une variable appelée "pizza" :

pizzaPrice = 19.34

Comme vous pouvez le voir, nous n'avons utilisé que le nombre. N'oubliez pas que lorsque nous utilisons des nombres, nous ne pouvons pas ajouter divers symboles comme le symbole de l'euro, du dollar, ou de la livre, etc.

Cela dit, les nombres sont surtout utilisés pour effectuer des opérations mathématiques. Mais pour effectuer ces opérations, nous devons discuter des opérateurs.

Les Opérateurs

En programmation, comme en mathématiques, les opérateurs sont des symboles tels que le plus et le moins. Ils sont appelés ainsi parce qu'ils sont utilisés pour effectuer une opération, ou un calcul sur une série de nombres. Par exemple, nous effectuons de telles opérations lorsque nous utilisons une simple calculatrice de poche (vous les enfants, vous les utilisez toujours, n'est-ce pas ?). Vous tapez 2 + 2 pour effectuer une addition et apprendre la somme totale de ces deux chiffres. Le signe plus dans ce calcul simple est l'opérateur.

Python comprend également d'autres opérateurs, et certains d'entre eux peuvent être différents de ceux que vous avez appris à l'école. Les opérateurs plus et moins, par exemple, sont les mêmes, et ils sont représentés par les symboles + et - . La division, par contre, est écrite en utilisant une barre oblique, comme le "/". La multiplication est également différente. Vous avez probablement appris à utiliser "x" comme opérateur de multiplication, comme 2 x 2 = 4. Cependant, en programmation, nous utilisons le symbole astérisque à la place, comme ça : 2 * 2 = 4.

Il y a aussi d'autres opérateurs, comme les exposants, mais nous allons nous concentrer sur les bases ici. Passons donc à la section suivante et amusons-nous avec les Math !

Math de base du python

Maintenant que vous savez comment fonctionnent les nombres et les opérateurs, nous pouvons commencer à utiliser Python comme calculatrice. Dans cette section, nous n'avons besoin que du *shell* Python au lieu de l'éditeur, donc démarrez le comme nous l'avons fait dans le chapitre 1, ou utilisez le *shell* Python interactif en ligne à la place *(https://www.python.org/shell/)*. Nous n'avons pas besoin de toutes les capacités de programmation ici car nous ne créerons pas de programme fantaisiste. Tout ce que nous allons faire, c'est jouer avec les chiffres et faire quelques calculs de base. Au cas où vous ne vous en souviendriez pas parce qu'il y a tant de nouvelles connaissances à absorber, le *shell* n'est qu'une interface en ligne de commande lorsque vous tapez des commandes que l'ordinateur doit exécuter immédiatement. Vous verrez le résultat instantanément au lieu d'écrire un programme entier, de l'enregistrer et de l'exécuter pour voir le résultat.

Essayez ce dont nous avons discuté en tapant quelque chose comme :

```
>>> 10 + 10
```

Vous verrez que le *shell* Python vous donnera immédiatement la réponse, qui est de 20. Commencez à jouer avec les mathé10 :1matiques de cette façon. Faites un certain nombre de calculs et voyez comment Python peut fonctionner exactement comme une calculatrice.

Les erreurs de syntaxe

Pendant que nous jouons avec le *shell* Python, nous devrions discuter d'un petit problème que vous avez peut-être déjà rencontré, le problème des erreurs de syntaxe. En expérimentant avec ce que vous avez appris jusqu'à présent, vous avez probablement tapé quelques lignes de code que Python ne comprend pas entièrement et vous avez obtenu une erreur. Chaque fois que vous tapez quelque chose que le langage de programmation ne peut pas lire, vous obtenez ce qu'on appelle une erreur de syntaxe. Cela signifie que vous n'avez pas suivi les règles de programmation de Python lorsque vous avez écrit votre code.

La syntaxe est simplement un ensemble de règles que vous devez suivre, sinon votre code ne fonctionnera pas comme prévu. Ces erreurs sont des erreurs de syntaxe, et elles sont similaires à des fautes de grammaire dans vos tests d'anglais. Sauf que si quelqu'un lit votre phrase, même si elle contient des erreurs, cette personne la comprendra quand même. Les ordinateurs ne fonctionnent pas comme ça. Ils sont stricts et ils suivent les règles. Si vous ne suivez pas les mêmes règles, ils ne comprendront tout simplement pas ce que vous voulez qu'ils fassent. Voici un exemple de la façon d'obtenir une erreur de syntaxe :

10 + 10 equals?

Le résultat ressemblera à ceci :

SyntaxError: invalid syntax

Dans cet exemple, nous avons mélangé un peu d'anglais simple avec l'opération mathématique. L'erreur qui en résulte nous indique que Python ne comprend pas notre commande. Si nous remplaçons cette commande en tapant 10 + 10 à la place, Python effectuera le calcul correctement. Les ordinateurs sont fiables tant que nous parlons tous le même langage, en l'occurrence le Python, et non l'anglais.

L'utilisation des variables

Jusqu'à présent, nous avons utilisé le *shell* en tapant des commandes directes au lieu de déclarer des variables. Comme mentionné précédemment, l'utilisation du *shell* facilite les exercices simples car nous n'avons pas besoin de créer des applications, de les écrire, de les sauvegarder, de les exécuter, etc. pour arriver au résultat. Nous pouvons simplement lancer le *shell* Python, taper une ou deux commandes et voir ce qui se passe. Nous pouvons faire la même chose en utilisant des variables comme nous l'avons fait dans les programmes que nous avons écrits précédemment. Par exemple, nous pouvons attribuer des valeurs aux variables comme nous l'avons fait lorsque nous avons attribué la chaîne "Max" à la variable "myName".

En tapant n = 10 dans le *shell*, la valeur de 10 sera mémorisée comme une valeur appartenant à la variable "n". Chaque fois que nous invoquerons cette variable dans le *shell*, sa valeur sera utilisée. Cependant, si nous déclarons que n = 20 dans la même invite de commande, la nouvelle valeur "20" sera attribuée à la variable à la place. Dans un programme réel, cela ne fonctionnerait pas. Nous obtiendrions une erreur. Nous devrions plutôt faire défiler la ligne où nous avons déclaré la valeur de "n", et l'éditer afin d'effectuer le changement. Ceci étant dit, tapons les lignes suivantes et voyons ce qui se passe :

n = 10

n

10

Nous avons attribué la valeur de 10 à la variable n, et à l'invite de commande suivante, nous avons fait intervenir la variable n. En l'invoquant, le *shell* a imprimé sa valeur, qui est 10. Maintenant, tapons autre chose :

n = 20

n * 2

40

Remarquez que nous avons à nouveau déclaré la variable dans la même *shell*. Sa valeur est donc passée à 20. Dans la ligne suivante, nous avons effectué une opération de multiplication, mais au lieu d'utiliser directement la valeur, nous avons utilisé la variable. Puisque la variable a une valeur de 20, multipliée par 2, le résultat 40 est imprimé. Voyons maintenant un exemple un peu différent :

n = 10

n = n - 1

n

9

Comme vous pouvez le voir, nous avons notre variable "n" à la fois à gauche et à droite de l'opérateur égal. En cours de mathématiques de base, vous avez peut-être appris que ce n'est pas correct, et dans ce cas, c'est vrai. L'énoncé n'est pas valable. Cependant, en programmation, il est tout à fait correct d'écrire une telle déclaration. Pourquoi ? L'ordinateur regarde d'abord le côté droit de l'opérateur et effectue le calcul mathématique. Une fois le résultat obtenu, il devient la nouvelle valeur qui est attribuée à la variable. Nous avons déclaré que la valeur de n est 10, mais en redéclarant à la ligne suivante que la valeur est n - 1, ce qui se traduit par 10 - 1, la nouvelle valeur de 9 est attribuée.

Avant de continuer, effectuons une autre opération en utilisant l'opérateur de division et voyons ce qui se passe :

n = 10

n / 2

5.0

Comme vous pouvez le voir, nous avons écrit 10 divisé par 2, ce qui est égal à 5. Mais Python nous a donné 5.0 comme résultat, au lieu de seulement 5. C'est parce que Python travaille avec ce qu'on appelle la vraie division. Python nous donne un nombre à virgule comme résultat d'une division simplement parce que le résultat est plus précis et moins susceptible de contenir des erreurs. D'autres langages de programmation, cependant, nous donneront 5 comme résultat. Ce n'est pas une grande différence, juste quelque chose dont il faut être conscient.

Les chaînes de caractères

Vous allez beaucoup travailler avec des nombres lors de la programmation, mais que ferez-vous lorsque vous aurez besoin d'écrire une application qui interagit avec les gens ? Après tout, vous voulez peut-être créer un jeu et pour cela vous devez permettre aux joueurs de "parler" au jeu. C'est là qu'entrent en jeu les chaînes de caractères que nous avons mentionnées plus tôt.

Les gens se parlent en utilisant des mots et des phrases. Les ordinateurs aiment parler en nombres, donc si nous voulons créer un programme pour parler aux gens, nous devons utiliser des chaînes de caractères au lieu de nombres. Nous avons déjà dit que les chaînes sont des collections de caractères. En fait, tout ce que vous tapez sur votre clavier peut former une chaîne, qu'il s'agisse de lettres, de chiffres ou de symboles. Mais la plus grande différence entre les variables numériques et les chaînes de caractères est le fait qu'elles ne sont pas utilisées pour calculer quoi que ce soit. Les chaînes ne sont que des informations qui sont envoyées à l'utilisateur. Jusqu'à présent, nous avons utilisé les chaînes de caractères en même temps que la fonction d'affichage parce que c'est la façon la plus populaire de les utiliser. Par exemple, si vous demandez à l'utilisateur d'entrer son nom, l'ordinateur peut l'afficher ensuite sous la forme d'une chaîne de caractères. Si vous vous souvenez bien, nous l'avons déjà fait. Cependant, nous pourrions faire bien plus.

Changeons un peu le programme que nous avons créé plus tôt. Demandons à l'utilisateur son nom, mais cette fois nous allons déclarer une variable qui contiendra son nom. Ensuite, le programme va afficher ce nom plusieurs fois. Pour ce faire, nous allons utiliser une technique que vous n'avez pas encore apprise, appelée "looping". Nous allons utiliser une boucle pour répéter l'opération d'impression autant de fois que nous le voulons. Nous parlerons plus en détail des boucles dans un chapitre ultérieur, pour l'instant concentrons notre attention sur les variables et les chaînes de caractères. Ouvrez IDLE *shell* et créer un nouveau fichier Python et sauvegardez-le.

Écrivez le code suivant puis exécutez le *(via le menu Run>Run Module)* :

```
# Request the name of the user

userName = input ("What's your name?")

# Print the user's name 99 times

for x in range (99):

        print (userName, end = " ")
```

En plus de la boucle qui a été mentionnée, nous avons également un nouvel argument à l'intérieur de notre déclaration d'affichage. Dans cet exemple, nous avons ajouté l'argument "end" (fin), qui est égal à un espace vide. Remarquez comment entre les guillemets nous avons laissé un espace vide, comme nous le faisons normalement entre les mots d'une phrase. L'espace est toujours une chaîne de caractères, même si l'on peut dire qu'il n'y a rien. L'argument de *print* "end" signifie en fait, en ayant cette chaîne comme valeur, que toutes les déclarations affichées doivent se terminer par un espace. Vous pouvez modifier cet argument comme vous le souhaitez, et chaque boucle qui imprime la déclaration aura cet argument en prime. Par exemple, vous pouvez remplacer l'espace par " est un excellent programmeur ! "et l'affichage ressemblera à "Max est un excellent programmeur !".

Ce qu'il faut retenir de tout cela, c'est que les arguments sont utiles parce qu'ils peuvent ajouter de nouvelles options et conditions à une certaine fonction, comme dans le cas présent la fonction print (). De cette façon, nous ajoutons un peu plus de détails à la fonction, ce qui la rend plus complexe. Dans tous les langages de programmation, l'ajout d'arguments aux fonctions est assez courant, alors prenez le temps de jouer avec ceux que vous connaissez, dans ce cas-ci l'argument "end". Assurez-vous simplement de placer l'argument entre les parenthèses après avoir déclaré la fonction, dans ce cas-ci *print*, et si vous ne voulez pas d'argument, vous pouvez laisser les parenthèses vides d'argument.

Les listes

Le plus beau à propos des variables, c'est qu'elles peuvent être tout ce que vous voulez. Jusqu'à présent, il s'agissait de nombres, qu'il s'agisse de nombres à virgule ou d'entiers, et de chaînes de caractères, mais il peut également s'agir de listes. Les listes sont des groupes d'articles, comme une liste de courses. Chaque élément de la liste contient une valeur et ils sont tous séparés les uns des autres par des virgules. Cependant, pour écrire une liste, nous devons utiliser des crochets et y placer tous nos articles. Les listes sont polyvalentes et vous pouvez y mettre tout ce que vous voulez. Vous pouvez y insérer n'importe quel type de valeur. Vous pouvez avoir des listes de chaînes de caractères, de nombres, de variables mixtes, ou même des listes contenant des listes. Cela étant dit, voici une liste simple et la façon dont vous devez l'écrire :

myList = [apple, flour, pear, sugar]

This is a list of variables. We can declare these variables and assign them any values we want. Then we can use them inside a list, like this one. As mentioned earlier we can also have a list of strings. Here's another example:

myColors = ["green", "yellow", "blue"]

Comme vous pouvez le constater, nous respectons les règles d'écriture des chaînes de caractères, en plaçant nos éléments de chaîne entre guillemets même lorsque nous déclarons une liste.

Voyons maintenant un exemple, car la pratique est toujours plus amusante que la théorie parfois un peu ennuyeuse. Dans cette démonstration, nous utiliserons le package de programmation *Turtle*. Nous n'avons pas encore utilisé de package de programmation dans nos exemples, ni de modules comme on les appelle aussi. Pour l'instant, vous devez savoir que les packages ou modules Python sont des extensions du langage de programmation. Ils contiennent plus de fonctions et divers types de données que la version de base de Python ne possède pas. En utilisant des *packages (ou groupes de programmes près à l'emploi)*, nous pouvons travailler plus rapidement car nous n'avons pas à écrire nos propres fonctions, nous pouvons simplement importer ce dont nous avons besoin dans notre projet en important le bon module. Python est livré avec des centaines de packages et de modules qui étendent ses fonctionnalités, mais dans cet exemple, nous n'en avons besoin que d'un seul et il s'appelle *Turtle*. Dans un prochain chapitre, nous nous concentrerons davantage sur ce paquet en particulier, mais pour l'instant nous n'avons besoin que d'une de ses fonctions, à savoir "numinput()". Nous allons créer une liste de couleurs et ensuite notre nouveau programme demandera à l'utilisateur de taper combien de faces un objet devrait avoir. Cette fonction du package *Turtle* nous permet de taper ce nombre. Commençons par ouvrir une nouvelle fenêtre et créer un nouveau programme. N'oubliez pas de l'exécuter puis de le sauvegarder.

```
import turtle

p = turtle.Pen()

turtle.bgcolor ("black")

myColors = ["green", "blue", "yellow", "purple", "pink", "white", "red", "white"]

objectFaces = int (turtle.numinput ("Total number of faces",

"How many faces from 1 to 8 would you like to have?", 3, 2, 7))
```

(Source: **https://docs.python.org/3/library/turtle.html** retrieved in March 2021)

Arrêtons-nous un instant pour discuter de ce que nous avons fait jusqu'à présent. La première chose que nous devons faire lorsque nous voulons utiliser un package est de l'importer et cela se fait en utilisant le mot-clé "import", suivi du nom du package. C'est tout ! Nous avons maintenant toutes les fonctions qui font partie du module *Turtle*. Ensuite, nous préparons les graphiques et créons la liste des couleurs que nous voulons avoir comme options. Enfin, nous rendons notre programme suffisamment intelligent pour demander à l'utilisateur combien de faces il veut que l'objet ait. Il peut choisir entre un et huit faces, mais s'il ne veut pas choisir, nous aurons une sélection par défaut de quatre faces. Il ne nous reste plus qu'à écrire le code qui dessine l'objet. Gardez à l'esprit que cet objet doit avoir autant de faces que l'utilisateur le souhaite. Ceci étant dit, jetons un coup d'œil au code :

for x in range (360):

    p.pencolor (myColors [x % objectFaces])

    p.forward (x * 3 / objectFaces + x)

    p.left (360 / objectFaces + 1)

Ci-dessous le programme complet à exécuter :

```
File  Edit  Format  Run  Options  Window  Help
import turtle
p=turtle.Pen()
turtle.bgcolor("black")
myColors=["green","blue","yellow","purple","pink","white","red","withe"]
objectFaces=int(turtle.numinput("Total number of faces","How many faces from 1 to 8 would you like to have?",3,2,7))
for x in range(360):
    p.pencolor(myColors[x%objectFaces])
    p.forward(x*3/objectFaces+x)
    p.left(360/objectFaces+1)
```

Ci-dessus exemple quand je demande 7 faces :-)

Comme vous pouvez le voir, nous utilisons à nouveau une boucle pour faire le travail à notre place. Nous parlerons des boucles dans un autre chapitre car elles sont importantes et vous allez beaucoup jouer avec elles. Pour l'instant, parlons des trois lignes que nous avons écrites dans la boucle. Dans la première ligne, nous disons au programme de changer la couleur du stylo Tortue pour qu'il fasse correspondre le nombre de couleurs au nombre de faces de l'objet. Cela signifie que si l'utilisateur déclare quatre faces, nous aurons quatre couleurs pour correspondre à chaque face. Dans la deuxième ligne, nous demandons au programme de modifier la longueur de la ligne dessinée. Le but de cette commande est de s'assurer que certains objets n'apparaissent pas plus petits que d'autres. Nous voulons des formes qui ont à peu près la même taille. Sur la troisième ligne, nous demandons à l'objet nouvellement créé de pivoter d'un certain nombre de degrés. Ce nombre doit être précis, donc ce que nous faisons sur cette ligne est de diviser 360 par le nombre de côtés de l'objet. Cela signifie qu'un cercle qui a une face aura un angle de 360 degrés. Un carré, en revanche, aura quatre angles à 90 degrés, car 360 degrés est divisé par quatre faces.

Ce programme est peut-être un peu difficile à comprendre au début, mais en jouant avec, vous apprendrez en un rien de temps. Après tout, il se passe beaucoup de choses dans les quelques lignes de code dont nous disposons. Nous avons utilisé un module Python pour la première fois, nous avons utilisé une liste, et nous avons fait quelques calculs pour dessiner l'objet et effectuer quelques opérations. Jouez avec le code pour mieux le comprendre. N'ayez pas peur des maths que nous avons utilisées. Si vous ne les comprenez pas entièrement, changez les valeurs du code et voyez ce qui se passe. En expérimentant, vous vous amuserez à obtenir des résultats bizarres, voire ridicules, mais vous comprendrez aussi pourquoi nous avons écrit le programme de cette façon. Mais surtout, amusez-vous à utiliser votre propre créativité et voyez ce qui se passe.

Le Python pratique

So far you've learned quite a lot! You saw how Python works with various types of data, like strings, integers and lists, and you also played a bit with functions and loops. Python is a powerful programming language and its simplicity makes it fun. But, so far we have only talked about theory and written a few demonstrations to see that theory in action. Keep in mind that all of this is important and you can't advance in programming without learning that theory and how everything works. With that being said, your Python applications may have been somewhat fun so far, but they don't do much. So let's create our first program that will do something useful. In this section we are going to use the power of Python to create a calculator that does all the math for you. Say goodbye to worrying about your math homework!

To write this program we are going to use a combination of everything we talked about so far. However, a specific function is going to play a vital role, and that is the "eval" function. What this function will do in our calculator application is turn a question, or the user's input, such as "10 + 2" into an answer, or an output, such as 12 in this case. What this function does is evaluate your input, process it, and then reveal the solution to it. It will also allow us to display the problem and the answer at the same time on the screen, which makes our program a bit more useful than a typical calculator.

For this program, you will need to remember your mathematical operators. If you don't remember how to write all of them in Python, make sure to go back and refresh your memory. Don't forget that in Python you can't write 2 x 2, you need to write 2 * 2 instead to perform a multiplication. With that being said, let's take a look at our new program. Create a new Python file and save it.

```
print ("My_Awesome_Calculator.py")

mathProblem = input ("Type your math question, or 'E' to exit the program: ")

while (mathProblem != "E"):

        print ("The result to your", mathProblem, "is: ", eval (mathProblem))

        mathProblem = input ("Type another math question, or "E" to exit the
program:")
```

Pour résumer, le programme demandera à l'utilisateur de taper un problème ou de taper la lettre "E" s'il veut quitter l'application. Le programme continuera à s'exécuter jusqu'à ce que l'utilisateur choisisse de quitter le programme. Ensuite, nous utilisons la fonction eval pour afficher en même temps le problème et sa solution. Une fois qu'une réponse est donnée, le programme demandera à nouveau une autre question ou à l'utilisateur de quitter l'application s'il n'y a pas d'autres problèmes mathématiques à résoudre. C'est pourquoi nous utilisons la boucle "while" pour créer cette calculatrice. Fondamentalement, tant que l'utilisateur a des problèmes à résoudre, le programme continuera à fonctionner comme prévu. Lorsque nous tapons la lettre "E" sur le clavier, le programme s'arrête de tourner parce qu'il n'y a plus de problèmes, donc la boucle s'arrête également d'exécuter. C'est la beauté des boucles while. Elles continueront à se répéter jusqu'à ce que leur condition ne soit plus remplie. Dans ce cas, elle ne se répète que tant que l'utilisateur ne quitte pas le programme avec la touche "E".

Maintenant, si vous jouez avec ce programme, vous verrez qu'il s'agit d'une calculatrice assez basique. Elle ne peut pas résoudre un super problème d'algèbre, mais elle peut résoudre la question mathématique de base qu'un enfant pourrait avoir besoin de résoudre. En plus, cette calculatrice de base peut en fait faire un peu plus que résoudre de simples multiplications et divisions. Elle peut également effectuer ce que l'on appelle une vraie division. Rappelez-vous que nous avons déjà abordé ce sujet, qui se traduit simplement par une division des nombres entiers. Mais, pour vous rafraîchir la mémoire, vous savez que la division normale ressemble à quelque chose comme ça : 9 / 2 = 4.5. Ce résultat de 4.5 n'est évidemment pas un nombre entier, mais c'est quelque chose que nous pouvons utiliser dans divers programmes ou pour résoudre d'autres problèmes. Mais qu'en est-il si vous essayez de déterminer combien de chocolats vous pouvez partager à parts égales avec vos amis, sans en donner plus à quelqu'un ? Après tout, personne n'aime se sentir délaissé parce que quelqu'un reçoit plus de chocolat que lui. Cela signifie qu'on ne peut pas donner plus de chocolat à quelqu'un.

Si vous avez 2 amis et 9 morceaux de chocolat à leur offrir, vous devrez couper un chocolat en deux, de sorte que chacun obtienne 4.5 *(4,5)* chocolats. Imaginons que vous ne puissiez pas couper un chocolat en deux et que vous deviez le rendre ou le donner à quelqu'un d'autre. Cela se traduirait essentiellement par une longue division car 9 divisé par 2 est égal à 4, et 1 comme reste (9 ÷ 2 = 4 R1). Maintenant, pour effectuer une division en nombres entiers et ne pas se soucier des restes, il suffit d'utiliser deux barres obliques au lieu d'une. En d'autres termes, en Python, la division normale ressemble à ceci :

9 / 2 = 4.5

Et la division en nombres entiers ressemble à ceci :

9 // 2 = 4

5 // 4 = 1

Comme vous pouvez le constater, nous n'avons pas le reste parce qu'il ne nous intéresse pas dans cet exemple. Tout ce que nous voulons savoir, c'est combien de chocolats nous pouvons partager à parts égales avec nos amis. Cependant, si nous voulons le reste, nous pouvons toujours le calculer séparément. Pour ce faire, nous utilisons ce que l'on appelle l'opérateur modulo, symbolisé en Python par le symbole "%". Gardez à l'esprit qu'en Python % ne signifie pas pourcentage. Si vous voulez écrire un pourcentage en Python, vous devez l'écrire comme un nombre décimal. Ainsi, 10 % dans le monde réel devient 0.1 *(0,1)* en Python parce que le symbole % est l'opérateur modulo, qui est utilisé pour calculer le reste. Par conséquent, si vous voulez trouver le reste à partir de 9 / 2, alors vous écrivez le problème suivant :

9 % 2 = 1

7 % 4 = 3

C'est simple, n'est-ce pas ? Jouez avec votre nouvelle calculatrice et vous verrez qu'à chaque fois vous obtiendrez le bon résultat. Et il a suffi d'écrire une poignée de lignes de code.

Résumé

Dans ce chapitre, vous avez appris à connaître les variables et leurs types de données. Vous avez appris que les informations peuvent être stockées dans des variables, et que le type de variable est déterminé par le type d'information. Cela comprend les nombres, qu'ils soient entiers ou à virgule (ex: décimaux), ainsi que les chaînes de caractères et les listes. Le stockage de ce type d'informations dans une variable rend votre code plus propre et plus facile à lire. En déclarant des variables, vous pourrez l'utiliser où vous voulez dans votre programme, aussi souvent que vous le souhaitez, sans avoir à retaper toutes ces informations. La répétition est mauvaise et vous devriez éviter de taper le même code plus de deux fois. Il est donc préférable de s'entraîner à travailler avec des variables dès que vous apprenez le langage Python.

De plus, vous avez également appris comment les variables doivent être nommées. Les conventions de nommage sont importantes en programmation, ce qui signifie que vous devez les respecter. N'oubliez pas que les noms sont sensibles à la casse et qu'il est important de choisir d'utiliser des tirets bas ou des mots composés comme "myVariable". Quelle que soit la façon dont vous décidez de nommer vos variables, veillez à utiliser la même technique de dénomination dans tout votre code afin d'éviter toute confusion par la suite. Vos amis programmeurs apprécieront également cette façon de faire, car elle leur permettra de lire et de comprendre plus facilement votre code.

Vous avez également appris à connaître tous les opérateurs mathématiques que vous pouvez utiliser sur les nombres entiers et les nombres à virgule, ainsi que sur les chaînes de caractères. N'oubliez pas que certains d'entre eux sont différents de ceux que vous utilisez à l'école en cours de mathématiques. Vous devez plutôt utiliser les bons symboles qui sont reconnus dans les langages de programmation. De plus, vous avez appris à travailler avec des chaînes et des caractères, et savez comment certains de ces opérateurs mathématiques fonctionnent même sur eux. Vous avez utilisé la fonction eval, par exemple, pour que Python évalue les chaînes de caractères et détermine quand utiliser un certain nombre pour effectuer une opération mathématique.

Ensuite, vous avez exploré les possibilités offertes par les listes. Vous avez appris à utiliser les variables de liste et à y stocker tout type de variable ou de valeur. Vous avez également créé une application qui s'appuie sur des listes pour fonctionner correctement. Ce type de variable est polyvalent et peut être utilisé dans de nombreuses situations, notamment parce qu'elles peuvent contenir n'importe quel type d'élément ou de valeur.

Enfin, vous avez également appris à connaître les erreurs de syntaxe, ce qu'elles sont et pourquoi elles se produisent. Vous les rencontrerez sans aucun doute, car aucun programmeur n'est parfait, quel que soit le nombre d'années d'expérience dont il dispose.

En fin de compte, les variables sont essentielles à tout programme, et avec le temps, vous apprendrez à utiliser chaque type de données. Vous vous entraînerez à travailler avec elles lorsque vous créerez des boucles, ou lorsque vous apprendrez à écrire des déclarations conditionnelles. Les variables font partie du processus de décision de l'ordinateur lorsqu'il s'agit d'applications, de jeux ou de sujets plus complexes comme la conception de l'intelligence artificielle. Les variables sont le fondement de la programmation car elles servent à simplifier un problème complexe en le divisant en plusieurs éléments distincts. Vous verrez avec le temps que la meilleure approche pour écrire une application est de la concevoir en petites parties que vous travaillez une à la fois.

Cela étant dit, vous savez maintenant comment travailler avec l'outil de programmation le plus fondamental, la variable. Vous êtes maintenant prêt à découvrir la prochaine composante fondamentale qui rend la programmation plus facile et plus efficace, à savoir la fonction.

Chapitre 3:

Functions

Vous avez déjà travaillé avec des fonctions jusqu'à présent, mais vous ne comprenez probablement pas complètement ce qu'elles sont. Vous avez utilisé diverses fonctions comme print(), input() et turtle.forward() pour effectuer diverses actions, mais vous n'avez pas saisi l'importance des fonctions et la manière dont elles sont utilisées. L'objectif de ce chapitre est de vous apprendre ce que sont les fonctions et pourquoi vous devriez toujours utiliser cet élément fondamental de la programmation.

Les fonctions ne sont que cela, des blocs de construction. Ce sont littéralement des blocs de code que vous définissez sous la forme d'une fonction. Cette fonction est ensuite activée uniquement lorsque nous l'appelons spécifiquement dans notre code. Cela ressemble déjà beaucoup à une variable, n'est-ce pas ? C'est parce que les fonctions suivent la même structure, du moins pour la plupart. Vous commencez par définir la fonction et déclarer quelles informations elle va contenir. Ensuite, vous l'utiliserez tout au long du code chaque fois que vous en aurez besoin. La différence est que, alors qu'une variable contient une valeur, une fonction contient un ensemble de plusieurs valeurs, variables, instructions, boucles et ainsi de suite.

Jusqu'à présent, vous n'avez utilisé que des fonctions prédéfinies. Les fonctions mentionnées précédemment sont déjà intégrées dans Python, ou dans des modules Python comme Turtle. Cela signifie qu'elles contiennent déjà un ensemble de commandes et qu'il vous suffit d'appeler la fonction pour qu'elle fasse ce pour quoi elle a été conçue. Dans ce chapitre, vous apprendrez à créer votre propre fonction afin qu'elle puisse faire ce que vous voulez.

Les fonctions sont essentielles car elles réduisent considérablement la quantité de code que nous devons écrire. Au lieu d'écrire certaines instructions ou boucles plusieurs fois dans le programme, nous pouvons définir une fonction en y stockant ces instructions. Ensuite, nous pouvons simplement appeler la fonction chaque fois que nous en avons besoin. Cela signifie que nous éliminerons le code copié-collé en réutilisant le code que nous avons déjà sous la forme de fonctions. Il est beaucoup plus facile d'écrire un ensemble d'instructions une fois et de les stocker dans une fonction, car appeler une fonction signifie écrire un seul mot. Prenons l'exemple de la fonction prédéfinie input(). Tout ce qu'elle fait est d'imprimer une invite à l'utilisateur pour lui demander une entrée. L'entrée de l'utilisateur est ensuite enregistrée et traitée par l'application sous la forme d'une chaîne de caractères qui est ensuite stockée dans une variable. Cette fonction peut être utilisée plusieurs fois lorsque nous avons besoin d'apprendre quelque chose de l'utilisateur. Sans elle, nous devrions exécuter chaque étape de la fonction, non pas une seule fois, mais chaque fois que nous voulons obtenir des informations de l'utilisateur. Cela se traduirait par de nombreuses lignes de code inutiles qui encombreraient et ralentiraient notre programme.

Prenons un autre exemple, cette fois-ci issu du programme Turtle, turtle.forward. Cette fonction nous permet de dessiner nos formes géométriques un pixel à la fois dans une direction spécifique, et en spécifiant la longueur de chaque ligne. Sans cette fonction, nous devrions faire preuve d'un peu de créativité et écrire un ensemble d'instructions qui colorieraient les pixels, calculeraient chaque emplacement et angle, et effectueraient des calculs complexes afin de déterminer la distance à chaque mise à jour. Ce processus à lui seul prendrait beaucoup de temps à un débutant pour le concevoir puis l'écrire en de nombreuses lignes de code.

Sans toutes ces fonctions, il faudrait écrire des dizaines, voire des centaines de lignes de code supplémentaires. Nous passerions de nombreuses heures à résoudre de petits problèmes et à écrire du code. Imaginez que vous écriviez un tel programme, puis que vous y reveniez un mois plus tard. Vous auriez probablement besoin de quelques heures, voire de quelques jours, pour comprendre ce qui se passe. Les fonctions suppriment toute cette confusion. De plus, en ayant moins de lignes de code, nous aurons moins de chances de tout gâcher et de provoquer des erreurs de syntaxe.

Ceci étant dit, apprenons à définir des fonctions et à rendre notre code plus propre et plus facile à comprendre.

Définir les fonctions

La syntaxe d'une fonction est simple. Il suffit d'utiliser le mot-clé "def" pour la définir, puis d'insérer les déclarations et instructions que l'on souhaite. Une fois la fonction définie, nous utilisons son nom pour l'appeler chaque fois que nous en avons besoin. Voici à quoi ressemble une définition de fonction dans le code :

Créer un nouveau fichier Python et sauvegardez-le et tapez :

def myFunction ():

print ("Cette fonction vous dit bonjour !")

Voilà, c'est fait ! Maintenant, nous pouvons appeler la fonction en utilisant son nom, comme ceci dans la fenêtre IDLE *shell* puis taper entrée :

myFunction()

…et vous avez le « Bonjour » de la fonction ;-)

Imaginez maintenant que vous avez un bloc de code que vous voulez réutiliser. Disons que vous voulez dessiner un tas de formes aléatoires dans des couleurs aléatoires. Vous avez déjà une partie de ce code, mais vous en avez probablement oublié une partie et vous aurez besoin d'un peu de temps pour revenir quelques pages en arrière et vous rappeler comment tout cela fonctionne. Remarquez combien il est facile d'oublier un code que vous avez écrit il y a quelque temps, surtout si cela fait des semaines. C'est pourquoi vous devriez utiliser des fonctions et rendre le code réutilisable et facile à lire. Les fonctions peuvent s'avérer utiles non pas dans un seul programme, mais dans plusieurs. Alors pourquoi écrire plusieurs fois la même fonction quand vous pouvez simplement l'extraire d'une application pour l'utiliser dans une autre et gagner du temps ?

Nous allons déclarer une fonction qui va générer une spirale aléatoire. Chaque fois que nous aurons besoin de générer une spirale, par exemple pour un programme d'écran de veille, nous pourrons simplement appeler cette fonction. N'oubliez pas qu'une fonction commence par le mot-clé "def", qui se traduit par "définition", suivi du nom de la fonction (quelque chose d'approprié et de facile à retenir), de parenthèses et de deux points. La fonction elle-même sera un ensemble d'instructions qui effectueront un certain nombre d'actions. Nous devrons définir la couleur aléatoire, la taille, ainsi que l'emplacement de l'écran. Ensuite, nous devons demander au stylo de se déplacer vers cet emplacement et de commencer à dessiner la spirale. Toutes ces commandes sont insérées dans une définition de fonction et plus tard, lorsque nous voulons la spirale, il nous suffit d'utiliser la fonction sans avoir à écrire toutes ces informations. Ceci étant dit, voici le code dont nous avons besoin pour la fonction :

Créer un nouveau fichier Python, sauvegardez-le et tapez :

```python
import turtle

import random

p=turtle.Pen()

colors=["green", "blue", "yellow", "purple", "pink", "orange", "red", "violet"]

    def randomSpiral():

        p.pencolor(random.choice(colors))

        size =  random.randint(10,40)

        x=random.randrange(-turtle.window_width()//2,
        turtle.window_width()//2)

        y=random.randrange(-turtle.window_height()//2,
        turtle.window_height()//2)

        p.penup()

        p.setpos(x,y)

        p.pendown()

        for m in range(size):

            p.forward(m*2)

            p.left(91)
```

(Source: **https://docs.python.org/3/library/turtle.html** retrieved in March 2021)

C'est le moment d'Exécuter le programme via le menu Run>Run Module (Exécuter le module)

N'oubliez pas qu'après avoir écrit la définition de la fonction, le programme n'exécutera pas la fonction. Il ne s'agit que de la définition. Afin d'exécuter tout ce code, nous devons appeler la fonction. En l'appelant, nous commandons à l'ordinateur d'exécuter toutes les instructions que la fonction contient. Tout ce que nous devons taper est la ligne suivante dans la fenêtre IDLE *shell* :

randomSpiral()

Nous disposons maintenant d'un bloc de code propre que nous pouvons utiliser quand nous le voulons. Nous pouvons même réutiliser cette fonction dans d'autres applications, et pas seulement dans d'autres parties de notre code. De cette façon, le programme sera plus facile à lire et à comprendre.

Un autre avantage majeur de l'utilisation des fonctions est la possibilité de les partager en ligne. Rappelez-vous que le travail d'équipe est très important en programmation et que vous devrez faire beaucoup de recherches et parler à d'autres programmeurs de vos idées, de vos programmes et de votre code. En écrivant des fonctions, vous pouvez immédiatement les partager avec d'autres et ils peuvent les utiliser dans leurs propres programmes. Vous pouvez également aller en ligne et trouver une fonction écrite par quelqu'un d'autre pour l'adapter à votre propre application. Cela accélérera encore plus votre programmation, car il n'est pas nécessaire de réinventer la roue. Si la fonction existe sur Internet, vous pouvez la trouver et l'utiliser. Mais avant de demander à Google de trouver une solution à tous vos problèmes de programmation, vous devriez tout de même apprendre à les résoudre vous-même.

Paramètres

Jusqu'à présent, nous avons travaillé avec des fonctions simples prédéfinies et nous avons créé quelques-unes de nos propres fonctions. Toutefois, lorsque nous définissons une fonction, nous pouvons également lui attribuer un certain nombre de paramètres. Les paramètres sont là pour ajouter des informations supplémentaires à la fonction, avec l'introduction d'une série d'arguments. C'est à cela que servent les parenthèses vides dans la définition de la fonction. Jusqu'à présent, nous les avons laissées vides parce que nous n'avions pas d'arguments à ajouter. Cependant, si vous vous souvenez de votre tout premier programme, vous vous rendrez compte que vous utilisiez déjà des paramètres de fonction. Dans le premier chapitre, vous avez créé votre premier programme "Hello, world !" et dans ce code, vous avez utilisé la fonction print. Si vous le regardez à nouveau, vous verrez que vous avez écrit la chaîne "Hello, world !" entre les parenthèses de la fonction print. Il s'agit d'un argument de fonction, ou paramètre. Dans ce cas, le paramètre représente une simple chaîne de caractères.

Un autre exemple de paramètre se trouve dans notre dernière application où nous avons utilisé la fonction Tortue p.left (90). Dans ce cas, la valeur de 90 représente le nombre de degrés dont nous voulons nous déplacer vers la gauche. Cependant, la fonction randomSpiral elle-même ne contient aucun paramètre, car nous avons écrit une collection d'instructions dans sa définition, ce qui rend inutile l'utilisation d'arguments.

Pour voir les fonctions en action, nous allons créer un programme qui va dessiner un visage quelque part sur l'écran de l'ordinateur. Nous aurons une fonction drawFace qui dessinera le visage à un ensemble de coordonnées aléatoires. Ce programme fera essentiellement ce que le programme qui dessine des formes a fait auparavant, mais il sera très différent car dessiner un visage nécessite plus de détails. Ce ne sera pas aussi simple que de sélectionner une couleur et une taille aléatoires.

La meilleure façon de commencer dans ce cas est de prendre une feuille de papier et de commencer à utiliser votre créativité. En fait, vous devriez faire cela quel que soit le programme que vous concevez. Le fait d'écrire vos idées sur le papier et de décomposer vos gros problèmes en problèmes plus petits vous permet de penser plus clairement et d'obtenir de meilleures idées. Commençons donc à dessiner ce visage, un élément à la fois. Ensuite, nous devons considérer que le visage sera généré n'importe où sur l'écran, nous utiliserons donc des coordonnées. Cela signifie que la fonction drawFace *(dessinVisage)* aura deux paramètres, x et y, qui représenteront les coordonnées où le visage apparaîtra. Maintenant, commençons par le début en dessinant d'abord la tête.

Les visages générés seront créés à partir d'un simple cercle pour représenter la tête, de deux cercles plus petits pour représenter les yeux, et de quelques lignes qui seront la bouche. Pour faire tout cela, nous allons avoir un point de référence sur l'écran, et la fonction drawFace va générer toutes les formes en fonction de ce point. Mais comment commençons-nous ? Il s'agit du programme le plus complexe sur lequel vous avez travaillé jusqu'à présent et il ne suffit pas d'y penser. Cela peut sembler insurmontable car vous devez faire beaucoup de choses pour écrire ce code. C'est pourquoi vous devez prendre un stylo et une feuille de papier et tout planifier. Tout d'abord, vous devez planifier la façon dont vous allez créer la tête, puis les yeux et la bouche séparément les uns des autres.

Pour générer un visage, nous allons commencer par la tête car elle servira de canevas pour les autres formes. Mais quelle taille va-t-on donner à la tête ? C'est là que dessiner la tête à la main sur une feuille de papier millimétré peut s'avérer utile. Vous pouvez regarder le papier et voir combien de lignes la tête couvre. Ensuite, vous pouvez simplement dire que chaque ligne doit correspondre à dix pixels dans le programme. Disons que la tête couvre dix lignes sur le papier, ce qui signifie 100 pixels sur nos écrans. N'oubliez pas que la tête étant un cercle, sa hauteur et sa largeur seront toutes deux de 100 pixels. Cela signifie également que le rayon sera égal à 50 pixels. Pour ce projet, nous allons à nouveau utiliser le module Turtle, et nous aurons besoin de la valeur du rayon afin d'utiliser la fonction circle pour dessiner le cercle. Cette commande prend le rayon comme paramètre, ou argument, et ressemble à ceci : p.circle (50). La fonction dessinera le cercle aux coordonnées actuelles, qui seront 0 et 0. En mettant les coordonnées x et y à zéro, nous pourrons plus tard déterminer facilement où dessiner les yeux et la bouche.

Nous pouvons maintenant décider de la couleur dans laquelle nous allons dessiner la tête. Choisissons le rouge. Vous pouvez choisir la couleur que vous voulez, il suffit de la spécifier lors de la déclaration du stylo. Il suffit de préciser que vous voulez que la couleur de remplissage soit le rouge en spécifiant également l'option de remplissage de la peinture, et pas seulement la couleur du stylo. Ceci étant dit, nous allons avoir un stylo appelé "p", comme dans les exemples précédents. Voici à quoi ressemblera le code du stylo et de la tête :

Créer un nouveau fichier Python et sauvegardez-le, tapez le code et exécuter le module :

```
import turtle

p=turtle.Pen()

x=0

y=0

p.setpos(x,y)

p.pencolor ("red")

p.fillcolor ("red")

p.begin_fill()

p.circle (50)

p.end_fill()
```

(Source : https://docs.python.org/3/library/turtle.html récupéré en Mars 2021)

Dans cet exemple, vous pouvez à nouveau voir pourquoi Python est si facile à utiliser. Ces lignes de code sont parfaitement compréhensibles car c'est presque comme si elles étaient écrites en anglais simple. Tout d'abord, nous déclarons que la couleur du stylo est rouge, puis nous déclarons que la couleur de remplissage est également rouge. Ensuite, nous utilisons le mot-clé circle pour créer le visage avec un rayon égal à 50 pixels. Une fois le cercle créé, il sera rempli de couleur. La fonction fill est utilisée pour ce processus.

Maintenant que nous avons le visage, nous pouvons commencer à travailler sur les détails. Nous avons d'abord besoin des yeux, mais nous devons réfléchir à l'endroit où les placer pour qu'ils n'aient pas l'air bizarre. Nous allons d'abord générer l'œil gauche, puis le remplir de couleur. Comme le visage fait 100 pixels, nous allons réduire la taille de l'œil, disons de 20 pixels. Nous allons à nouveau créer des cercles pour les yeux, nous devons donc utiliser la fonction cercle et déclarer le paramètre de rayon, qui dans ce cas sera une valeur de dix (la moitié de vingt). Le seul problème ici est de déterminer l'emplacement des yeux. Les coordonnées que nous avons déterminées jusqu'à présent constituent le point de référence du visage. Encore une fois, notre dessin à la main sur du papier millimétré peut s'avérer utile ici aussi. Si nous regardons notre dessin, nous pouvons voir combien de lignes nous avons au-dessus des coordonnées d'origine. Disons que nous plaçons l'œil gauche six lignes au-dessus du point d'origine qui a déterminé l'emplacement du visage. Six lignes sont égales à soixante pixels, nous allons donc nous déplacer de soixante pixels vers le haut. C'est la direction y positive. Si vous n'avez pas encore étudié les mathématiques ou la géométrie, ne vous inquiétez pas trop à ce sujet. Rappelez-vous simplement que la direction y positive, ou axe, signifie que l'on va vers le haut. L'œil gauche se trouvera également à 15 pixels vers la gauche, ce qui correspond à l'axe x négatif.

Écrire tout cela en code est en fait plus facile qu'il n'y paraît. La phase de réflexion et le dessin à la main peuvent sembler prendre du temps, mais le fait d'être préparés nous facilitera la tâche. Ce que nous avons déterminé, c'est que nous devons dessiner l'œil gauche en partant du point de référence original du visage, et nous déplacer de 15 pixels vers la gauche et de 60 pixels vers le haut. Cela signifie que nous allons déplacer 15 pixels sur la coordonnée x, et 60 pixels sur la coordonnée y. Pour ce faire, nous devons utiliser la commande "setpos" qui prend les deux coordonnées comme paramètres. Voici à quoi ressemblera le code pour l'œil gauche du visage :

Dans le même fichier Python, tapez à la suite le code suivant, exécuter le module et sauvegardez :

```
p.setpos ( x – 15, y + 60)

p.fillcolor ("yellow")

p.begin_fill()

p.circle (10)

p.end_fill ()
```

(Source : https://docs.python.org/3/library/turtle.html récupéré en Mars 2021)

Comme vous pouvez le voir, le code est identique à celui que nous avons écrit pour le dessin du visage. La seule exception est la fonction setpos. Faites-y attention en particulier et voyez comment nous avons écrit cette commande. Nous n'avons pas simplement écrit les coordonnées comme nous l'avons fait lors de la génération de la tête du visage. Si nous avions saisi -15 et 60 comme valeurs, au lieu de x - 15 et y +60, nous ne serions pas en mesure de générer correctement d'autres visages en même temps, car les yeux auraient toujours les mêmes coordonnées. Par conséquent, nous nous retrouverions avec des visages sans yeux. Seul notre dessin de visage initial a x et y égaux à 0. Les autres visages utiliseront des coordonnées différentes. En déclarant x -15 et y + 60, nous demandons au programme de soustraire 15 pixels et d'ajouter 60 pixels aux deux coordonnées, quelles qu'elles soient. De cette façon, les nouveaux visages auront toujours leurs propres yeux.

Maintenant que nous avons l'œil gauche, nous devons également dessiner l'œil droit. Vous pouvez faire cela tout seul comme un petit défi. Le code sera le même, avec une petite différence concernant la position de l'œil. Il sera toujours à 60 pixels au-dessus des coordonnées de base, mais au lieu d'être à 15 pixels à gauche du point d'origine, il sera à 15 pixels à droite. Il suffit donc d'écrire le même code que pour l'œil gauche, mais de modifier la fonction setpos comme suit :

```
p.setpos (x + 15, y + 60)
```

Maintenant que notre visage a des yeux, créons la bouche. Nous allons faire en sorte que le visage sourie, car personne n'aime un visage grincheux. Pour ce faire, nous allons utiliser des lignes au lieu de cercles, à savoir trois lignes. Passons à notre dessin à la main et dessinons une bouche pour voir à quoi elle ressemblera approximativement et déterminer les coordonnées. Disons que le côté de la bouche sera à 20 pixels à gauche et à 35 pixels au-dessus du point de référence du visage. Cela signifie que nous devons définir la position pour qu'elle soit égale à x -20 et y + 35. Ensuite, nous devons décider de la couleur de la bouche et de l'épaisseur des lignes. Faisons en sorte que les lignes aient une largeur de 8 pixels et colorons-les en bleu. Ce qui est important, cependant, c'est de gérer correctement la position de la bouche, puisque nous dessinons un sourire. Nous devons commencer à générer la bouche à partir du côté gauche, donc nous allons commencer avec x - 10, y +20, aller à x + 10, y + 20 et ensuite x +20, y +35. Vous pouvez jouer avec ces valeurs jusqu'à ce que vous obteniez le sourire que vous souhaitez. Il peut être plus ou moins symétrique, en fonction de ce que vous trouvez plus hilarant ou intéressant. Voyons maintenant le code réel de la bouche:

```
p.setpos (x -20, y + 35)

p.pencolor ("blue")

p.width (8)

p.goto (x – 10, y + 20)

p.goto (x + 10, y + 20)

p.goto (x + 20, y + 35)

p.width(1)
```

(Source : https://docs.python.org/3/library/turtle.html récupéré en Mars 2021)

Maintenant nous pouvons placer tout le code pour le dessin du visage ici dans la fonction drawFace. Tous les blocs de code que nous avons écrits pour le visage, les yeux et la bouche doivent être placés ici dans notre nouvelle fonction. Et, nous pouvons y rajouter une boucle afin de créer cinquante nouveaux emplacements pour que d'autres visages soient générés. Voici à quoi ressemblera le code avec la boucle :

File Edit Format Run Options Window Help

```
import turtle
import random
p=turtle.Pen()
def drawFace():
    for n in range(50):
        x=random.randrange(-turtle.window_width()//2,turtle.window_width()//2)
        y=random.randrange(-turtle.window_height()//2,turtle.window_height()//2)
        p.pencolor("")
        p.setpos(x,y)
        p.pencolor("red")
        p.fillcolor("red")
        p.begin_fill()
        p.circle(50)
        p.end_fill()
        p.setpos(x-15,y+60)
        p.fillcolor("yellow")
        p.begin_fill()
        p.circle(10)
        p.end_fill()
        p.setpos(x+15,y+60)
        p.fillcolor("yellow")
        p.begin_fill()
        p.circle(10)
        p.end_fill()
        p.setpos(x-20,y+35)
        p.pencolor("blue")
        p.width(8)
        p.goto(x-10,y+20)
        p.goto(x+10,y+20)
        p.goto(x+20,y+35)
        p.width(1)
```

(Source : https://docs.python.org/3/library/turtle.html récupéré en Mars 2021)

Nous pouvons maintenant appeler la fonction en utilisant son nom, comme ceci dans la fenêtre IDLE *shell* puis taper entrée :

drawFace ()

Et Voilà !

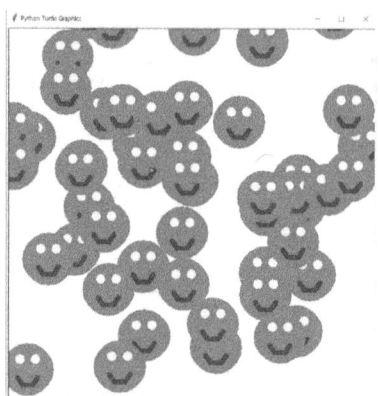

Tout ce que nous faisons ici est de générer des coordonnées x et y aléatoires pour créer des emplacements de la gauche de la fenêtre du programme vers la droite, et du bas vers le haut. Ces emplacements aléatoires sont ensuite introduits comme paramètres de la fonction drawFace afin qu'un visage puisse être dessiné à chaque ensemble de coordonnées.

C'est tout ! Mais attendez, il y a plus ! Avant de continuer à lire ce livre pour apprendre de nouvelles choses cool, vous devriez faire une pause et jouer avec ce programme. Vous pouvez le modifier de nombreuses façons sans rien apprendre de nouveau et dessiner la forme que vous voulez. Vous pouvez modifier les coordonnées, les lignes, les couleurs et toute autre caractéristique de la forme que nous avons dessinée dans cet exemple. Vous pouvez même vous inspirer de ce programme et en écrire un nouveau en partant de zéro. Concevez une nouvelle forme en faisant appel à votre imagination. N'oubliez pas de commencer avec un stylo et du papier, et de préférence du papier millimétré, afin de pouvoir facilement décomposer votre idée en petites parties que vous écrirez individuellement en code. Le papier millimétré vous aidera également à trouver les bonnes dimensions pour chaque forme et les proportions. Après tout, vous ne voulez pas que la bouche soit plus grande que la moitié du visage. Ou peut-être que si ? Libérez votre côté créatif et voyez comment Python peut faire de vous un designer et un artiste, et pas seulement un programmeur qui écrit du code ordinaire.

Valeurs de retour

Maintenant que vous avez une connaissance de base des fonctions et des paramètres, vous devez savoir que vous pouvez également obtenir des données à partir d'une fonction, et pas seulement les envoyer et les stocker. Par exemple, imaginons que nous voulions créer un programme capable de convertir des kilogrammes en livres et que nous voulions enregistrer cette valeur convertie afin de pouvoir l'utiliser dans d'autres opérations. Jusqu'à présent, nous nous contentions d'imprimer directement ces valeurs, mais dans le monde réel, nous devrons utiliser ces valeurs dans d'autres parties du programme. C'est là que l'instruction return entre en jeu. Elle nous permet d'envoyer des données d'une fonction à n'importe quelle autre section de notre application.

Il existe de nombreuses situations dans lesquelles nous aurons besoin d'obtenir des données à partir de fonctions. Comme nous venons de le mentionner, tout programme qui convertit des valeurs nécessitera l'utilisation d'instructions de retour. Créons un tel programme et donnons-lui la possibilité de transformer des pouces en centimètres. Dans ce cas, la valeur en pouces deviendra le paramètre d'une fonction, car les fonctions peuvent renvoyer des données au programme. Ces données seront la valeur en centimètres au lieu des pouces. Pour effectuer ce processus de conversion, il suffit de multiplier les pouces dont nous disposons par la valeur de 2,54. Un pouce est égal à environ 2,54 centimètres. Maintenant, pour renvoyer cette valeur en centimètres, nous allons utiliser une instruction de retour. Celle-ci fonctionne en utilisant le mot clé return et une valeur qui sera renvoyée au programme en tant que résultat pour être utilisée dans d'autres situations. Commençons par définir la fonction, puis par retourner la valeur :

```
def conversionToCentimeters (numberOfInches):

return numberOfInches * 2.54
```

Vous pouvez l'essayer dans un shell, sans créer de programme. En utilisant ces lignes de code, tapez conversionToCentimeters (10) puis appuyez sur la touche "entrée" de votre clavier. Python effectuera automatiquement la conversion de 10 pouces en une valeur en centimètres. Il vous suffit de remplacer le "numberOfInches" par une valeur réelle pour effectuer le calcul. La valeur est ensuite renvoyée par la fonction, et nous pouvons la voir imprimée dans le shell. Vous pouvez créer d'autres petits programmes de conversion comme celui-ci. Par exemple, vous pouvez convertir des pieds en mètres, ou des livres en kilogrammes. Il suffit de rechercher la valeur de base de 1 livre ou 1 pied, puis de remplacer les valeurs du programme que nous venons d'écrire par les valeurs appropriées pour ces mesures. Comme petit exercice, vous devez créer un autre petit programme qui convertit les livres en kilogrammes. Nous utiliserons ce code extrait plus tard pour créer une application réelle. Suivez simplement la même structure que le petit programme que nous avons déjà créé.

Vous remarquerez que l'instruction de retour est comme l'utilisation d'arguments de fonction, mais à l'envers. La seule différence est que nous n'avons qu'une seule valeur au lieu de plusieurs paramètres.

Utilisons toutes ces informations pour créer un autre programme amusant utilisant les conversions et les instructions de retour. Nous allons créer une application qui va calculer notre poids et notre taille en noix de coco. Oui, nous pouvons mesurer tout ce que nous voulons en noix de coco parce que... pourquoi pas ? Avec un peu d'imagination et des connaissances en Python, nous pouvons faire à peu près tout ce que nous voulons. Commençons donc par faire quelques recherches pour savoir quel est le poids moyen d'une noix de coco et son diamètre moyen. Avec un peu d'aide de Google, nous apprendrons que le poids moyen d'une noix de coco est d'environ 680 grammes, ou 24 onces, et que son diamètre moyen est de 7 pouces, ou environ 18 cm. Afin de déterminer le nombre de noix de coco correspondant à notre poids et à notre taille, nous devons diviser notre taille mesurée en centimètres par 18, puis diviser notre poids en grammes par 680. Mais nous arrivons maintenant à un autre problème. Tout le monde ne mesure pas son poids en grammes et sa taille en pouces. Heureusement, les deux petits programmes de conversion dont nous avons parlé précédemment vont nous être utiles. Nous pouvons convertir toutes ces données dans n'importe quel système dont nous avons besoin. Ensuite, nous pouvons prendre ces valeurs et effectuer une autre conversion, mais cette fois en unités mesurées en noix de coco.

Le programme de conversion des noix de coco nécessitera la définition de deux fonctions, à savoir conversionToCentimeters et conversionToKilograms. L'étape suivante consistera à demander à l'utilisateur de saisir sa taille et son poids en noix de coco, puis d'imprimer les calculs. Voici à quoi ressemble le code:

Créer un nouveau fichier Python, sauvegardez-le, tapez le code ci-dessous et exécuter le module :

```
def conversionToCentimeters (numberOfInches):

    return numberOfInches * 2.54

def conversionToKilograms (numberOfPounds):

    return numberOfPounds / 2.2

heightInches = int (input ("How tall are you in inches: "))

weightPounds = int (input ("How much do you weight in pounds: "))

heightCentimeters = conversionToCentimeters (heightInches)
```

weightKilograms = conversionToKilograms (weightPounds)

coconutsTall = round (heightCentimeters / 18)

coconutsHeavy = round (weightKilograms * 1000 / 680)

feet = heightInches // 12

inch = heightInches % 12

print ("At", feet, "feet", inch, "inches tall, and ", weightPounds, "pounds")

print ("you measure", coconutsTall, "Coconuts tall, and ")

print (" you weight ", coconutsHeavy, "Coconuts!")

File Edit Format Run Options Window Help

```
def conversionToCentimeters (numberOfInches):
    return numberOfInches * 2.54
def conversionToKilograms (numberOfPounds):
    return numberOfPounds / 2.2

heightInches = int (input("How tall are you in inches: "))
weightPounds = int (input("How much do you weight in pounds: "))
heightCentimeters = conversionToCentimeters (heightInches)
weightKilograms = conversionToKilograms (weightPounds)
coconutsTall = round (heightCentimeters / 18)
coconutsHeavy = round (weightKilograms * 1000 / 680)
feet = heightInches // 12
inch = heightInches % 12
print ("At", feet, "feet", inch, "inches tall, and ", weightPounds, "pounds")
print ("you measure", coconutsTall, "Coconuts tall, and ")
print ("you weight ", coconutsHeavy, "Coconuts!")
```

La première étape consiste à insérer les deux extraits de code de conversion dont nous avons parlé précédemment. Ces fonctions reposent sur des paramètres d'entrée et renvoient chacune une valeur. À l'étape suivante, le programme demande à l'utilisateur de saisir son poids et sa taille. Ces valeurs sont ensuite stockées dans les variables heightInches et weightPounds. Ensuite, la première fonction de conversion est appelée afin de transmettre la variable heightInches comme valeur à convertir. Cette valeur est ensuite stockée dans une nouvelle variable appelée heightCentimeters. L'étape suivante concerne encore une autre conversion qui s'appuie sur la fonction convertToKilograms afin de convertir le poids d'un utilisateur de livres en kilogrammes.

La partie suivante du programme implique une équation. La taille de l'utilisateur sera divisée par 18 afin de déterminer la taille en noix de coco. N'oubliez pas que le résultat sera arrondi au nombre entier le plus proche afin de garder les choses simples. Ce processus est réalisé à l'aide de la fonction round(). Ce résultat est ensuite stocké dans une nouvelle variable appelée coconutsTall. L'étape suivante est similaire car elle implique le même type d'équation afin de convertir le poids de l'utilisateur en grammes à partir des kilogrammes, puis de diviser ce résultat par 680, qui représente le poids moyen d'une noix de coco. Encore une fois, nous arrondissons le résultat afin de garder les choses simples et faciles à lire, puis nous le stockons dans une nouvelle variable appelée coconutHeavy.

Nous avons presque terminé, mais nous devons encore faire un peu de mathématiques. Après tout ce qui précède, nous devons déterminer la taille de l'utilisateur en pieds et en pouces, car c'est ainsi que de nombreuses personnes se mesurent. Par conséquent, donnons à ces utilisateurs cette option au cas où ils n'aimeraient pas le système métrique. Pour ce faire, nous utilisons l'opérateur // dont nous avons parlé précédemment afin d'effectuer une division entière. Nous stockons ensuite le résultat dans une nouvelle variable appelée "feet". Ensuite, nous utilisons l'opérateur modulo afin de trouver le reste, qui sera mesuré en pouces. Comme vous pouvez le constater, il s'agit d'un parfait exemple du monde réel où l'opérateur modulo et la division entière peuvent s'avérer utiles.

Enfin, nous avons une série d'instructions print qui vont imprimer la taille et le poids de l'utilisateur en unités de mesure normales, ainsi qu'en noix de coco. Voilà, c'est fait ! Vous pouvez maintenant dire à vos amis combien de noix de coco vous pesez. Avec un peu de recherche, vous pouvez écrire d'autres programmes de conversion dans lesquels vous utilisez n'importe quelle unité de mesure farfelue. Vous pouvez apprendre combien de balles de tennis ou de biscuits aux pépites de chocolat vous pesez. Laissez libre cours à votre imagination, prenez des notes, planifiez votre application, puis entraînez-vous !

Quiz ?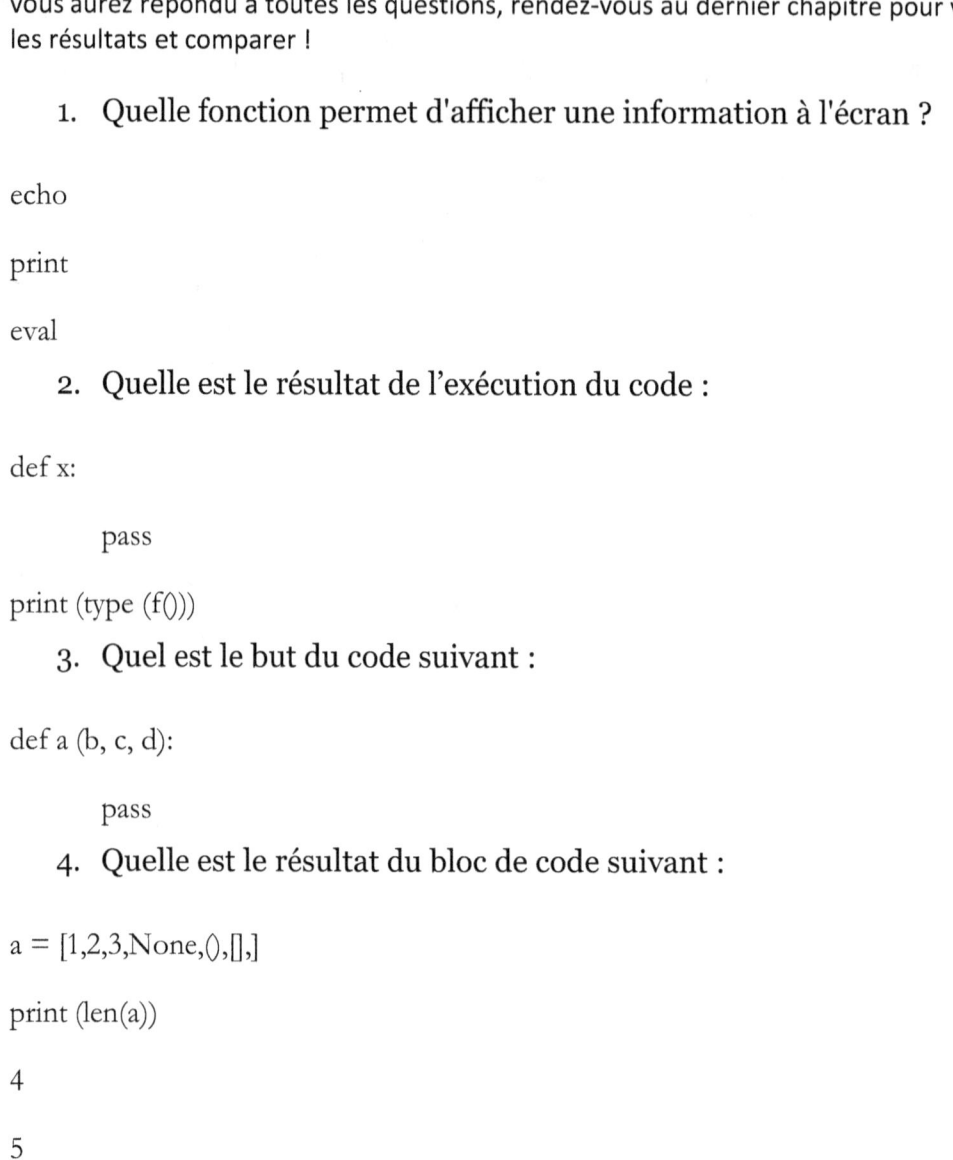

C'est l'heure du quiz ! Testons ce que vous avez appris jusqu'à présent. Une fois que vous aurez répondu à toutes les questions, rendez-vous au dernier chapitre pour voir les résultats et comparer !

1. Quelle fonction permet d'afficher une information à l'écran ?

echo

print

eval

2. Quelle est le résultat de l'exécution du code :

def x:

        pass

print (type (f()))

3. Quel est le but du code suivant :

def a (b, c, d):

        pass

4. Quelle est le résultat du bloc de code suivant :

a = [1,2,3,None,(),[],]

print (len(a))

4

5

6

5. Indiquez la valeur de l'élément ayant l'indice 1 dans la liste suivante :

colors = ['red', 'orange', 'yellow', 'green', 'blue', 'indigo', 'violet']

red

orange

violet

6. L'affirmation "Il y a les deux types de valeurs suivante dans Python, les chaînes de caractères et les nombres" est-elle correcte ?

Vrai

Faux

7. Quel est le résultat de ce code : num = '5'*'5'

333

5

Type Error

8. Quel est le résultat de ce code : print (abc)

"abc"

abc

Error

9. L'affirmation "Il n'y a que deux types de nombres en Python, les valeurs définies et les nombres entiers" est-elle correcte ?

Vrai

Faux

10. Quel est le résultat de ce code : print (3 //5)

0.6

0

Aucun

Résumé

Dans ce chapitre, vous avez appris l'importance des fonctions et leur utilité. Elles sont l'un des éléments fondamentaux de toutes les applications et aucun programmeur ne peut survivre longtemps sans elles. Elles sont utilisées pour rendre votre code réutilisable au sein d'un même programme, ou même d'autres programmes. Avec l'aide des fonctions, vous pouvez appeler un ensemble d'instructions n'importe où dans votre programme. Vous pouvez même partager vos fonctions avec d'autres programmeurs, et vous pouvez utiliser celles qui ont été écrites par d'autres dans les communautés de programmation Python en ligne.

Dans ce chapitre, vous avez également appris à connaître les paramètres et leur utilité dans les fonctions. Cela vous permet de créer des programmes plus complexes. Au fur et à mesure que vous progresserez, vous verrez que les fonctions deviendront vraiment obligatoires et que vous utiliserez souvent des paramètres. C'est notamment le cas lorsque vous commencez à travailler sur la création de jeux. En outre, les instructions de retour deviendront également la norme car vous les utiliserez souvent pour obtenir des informations des fonctions sous la forme de valeurs de retour.

Avec tout ce que vous avez appris dans ce chapitre, vous êtes maintenant prêt à aborder des sujets plus avancés. Vous en savez suffisamment sur la programmation Python pour créer une variété d'applications simples et utiles, mais pour créer des programmes vraiment puissants, vous devez en apprendre davantage. En attendant, vous devez continuer à mettre en pratique les concepts que vous avez appris jusqu'à présent. Habituez-vous à transformer votre code en fonctions réutilisables afin de travailler plus rapidement, plus efficacement et de pouvoir partager vos idées avec vos amis.

Il y a encore beaucoup de matière à étudier, mais vous avez déjà accompli beaucoup de choses. Voici ce que vous savez faire jusqu'à présent :

> Définir des fonctions afin d'éviter de copier-coller du code dans vos programmes.

> 2. Appeler vos fonctions personnalisées à partir de n'importe quelle autre application.

> 3. Passez des paramètres à vos fonctions et renvoyez des valeurs que vous pouvez utiliser pour diverses opérations.

> 4. Écrivez des programmes qui peuvent convertir n'importe quelle valeur en d'autres valeurs.

5. Travailler avec des coordonnées et des fonctions mathématiques afin de naviguer dans l'espace et de dessiner diverses images.

Comme vous pouvez le constater, vous avez beaucoup appris. Alors, faites une pause, retournez au début du chapitre, relisez une fois de plus le matériel et créez vos propres programmes. Les fonctions seront utilisées tout au long de ce livre et dans le monde réel du développement de jeux et d'applications. Prenez donc votre temps et étudiez bien, mais n'oubliez pas d'être créatif et de vous amuser !

Chapitre 4:

Les Boucles

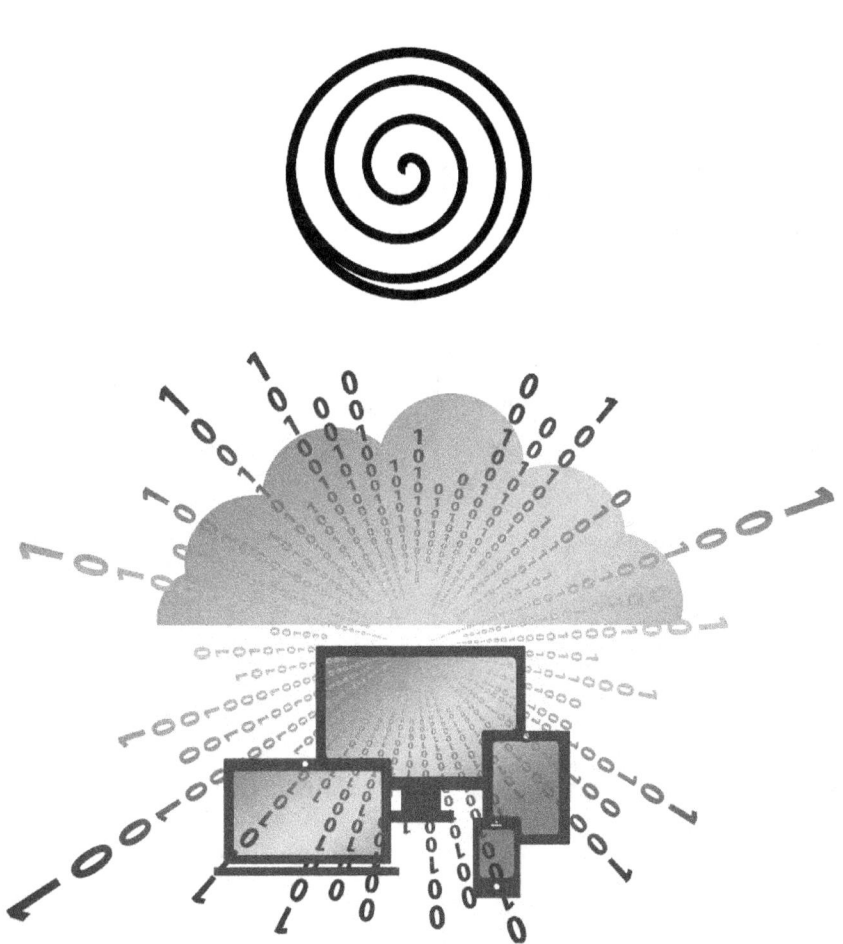

Vous êtes déjà un peu familier avec les boucles, car nous avons dû les utiliser à plusieurs reprises pour que nos programmes fonctionnent comme nous le voulions. Nous les avons utilisées pour dessiner des formes de manière répétée ou pour générer de nouvelles coordonnées pour notre programme de dessin de faces géométriques. Cependant, vous n'avez pas encore vraiment appris comment elles fonctionnent. Dans ce chapitre, nous allons nous concentrer sur l'apprentissage de la création de boucles et sur les types de boucles à utiliser.

L'idée de base des boucles est assez simple. Lorsque nous devons répéter quelque chose dans une application, nous pouvons utiliser une boucle. Ce faisant, nous n'aurons plus besoin d'écrire un certain bloc de code plusieurs fois. La boucle continuera à répéter n'importe quel ensemble de commandes.

Imaginez que vous ayez un programme qui dessine certaines formes qui se chevauchent. Prenons l'exemple d'un cercle, car vous connaissez déjà la fonction circle() du programme Turtle. Cette fonction dessine un cercle en fonction du paramètre de rayon que nous déclarons entre parenthèses. Disons que nous créons quatre cercles superposés, placés dans chacune des quatre directions de notre écran. Ils sont séparés de 90 degrés et nous pouvons les faire tourner. Pour faire tout cela, nous pourrions écrire quatre blocs de code distincts afin de dessiner chaque cercle, puis de le faire tourner et enfin de créer un autre cercle. Voici à quoi ressemble ce code simple :

```
import turtle

p = turtle.Pen()

# this will make the circle point upwards

p.circle (100)

# now the circle will be turned by 90 degrees to the left

p.left (90)

# now let's create the second circle

p.circle (100)

# and also turn it by 90 degrees to the left and make it point to the left side of the screen
```

```
p.left (90)

# next we create the third circle and make it point downwards

p.circle (100)

p.left (90)

# and finally we create the fourth circle that will point to the right

p.circle (100)

p.left (90)
```

(Source : https://docs.python.org/3/library/turtle.html récupéré en Mars 2021)

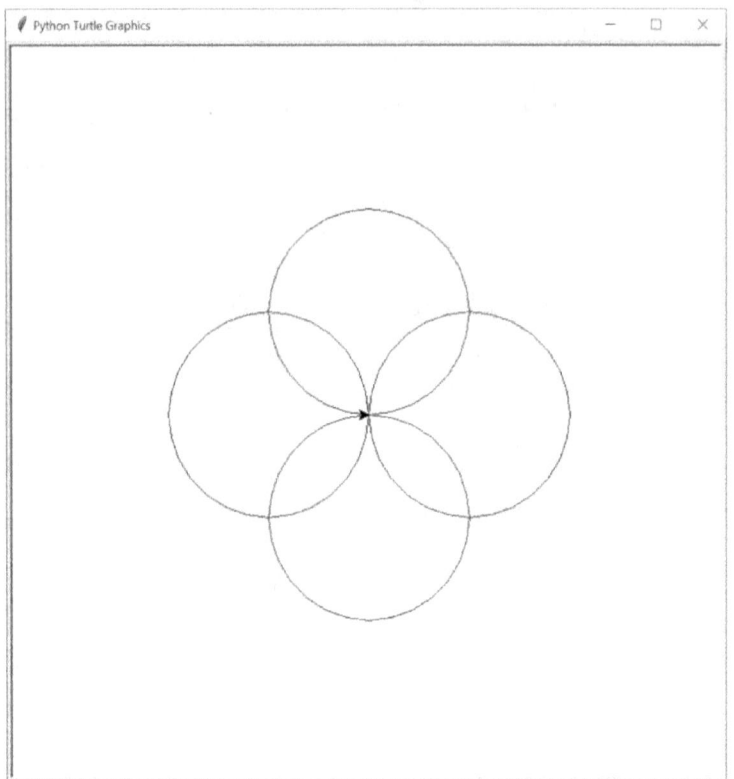

Cela semble extrêmement ennuyeux, n'est-ce pas ? Le code fonctionne effectivement très bien, mais il est incroyablement répétitif et inefficace. Nous avons trop de lignes de code qui font simplement la même chose quatre fois. Nous avons déjà discuté plus tôt du fait que nous ne devrions pas répéter le même code plus de deux fois. Au lieu de cela, nous pouvons rendre le bloc de code réutilisable en introduisant une boucle for. Parlons un peu plus des boucles for et de leurs avantages.

Boucles For

En termes simples, une boucle "for" permet de répéter n'importe quel type de séquence, qu'il s'agisse d'une chaîne ou d'une liste. Cela signifie que nous pouvons exécuter n'importe quelle quantité d'instructions pour chaque élément dans une liste ou caractère dans une chaîne. Voici un exemple très simple du fonctionnement d'une boucle for :

shoppingList = ["potatoes", "flour", "butter"]

for x in shoppingList:

print (x)

Vous remarquerez que chaque élément de cette liste sera imprimé sur une nouvelle ligne. Nous n'avons pas besoin d'écrire trois instructions d'impression différentes, mais nous pouvons simplement utiliser la boucle pour parcourir toute la liste et imprimer chaque élément individuellement.

Afin de créer nos boucles, nous devons d'abord réfléchir aux étapes qui doivent être répétées plusieurs fois. Pour revenir à l'exemple du début de ce chapitre, les instructions répétées sont essentiellement la déclaration p.circle (100) utilisée pour générer un cercle, et la fonction p.left (90) qui fait tourner le cercle avant d'en générer un nouveau. L'étape suivante consiste à décider combien de fois nous devons répéter cet ensemble d'instructions. Dans cet exemple, nous sommes intéressés par quatre cercles, nous avons donc besoin d'une boucle qui se répète quatre fois.

Une fois que nous avons répondu à ces deux questions, nous pouvons commencer à écrire la boucle for. Comme nous l'avons mentionné précédemment, ce type de boucle va itérer sur une liste d'objets et répéter un ensemble d'instructions pour chacun d'entre eux. Dans notre exemple, nous voulons répéter la boucle quatre fois, il nous faut donc une liste de quatre éléments. Cette liste contiendra en fait des nombres dans ce cas, nous allons donc utiliser la fonction "range" pour générer la liste de nombres. Voici comment cette fonction est utilisée :

range (10)

Nous devons déclarer un paramètre pour cette fonction qui établira le nombre de chiffres qu'elle va générer. Dans ce cas, elle créera une séquence de chiffres de 0 à 9. Pourquoi pas jusqu'à 10, demandez-vous ? En programmation, la numérotation commence à partir de 0, et non de 1. Zéro ne signifie pas rien dans les langages de programmation. Il signifie en fait le premier élément, ou un. Par conséquent, 0 1 2 3 4 5 6 7 8 9 est une collection de 10 chiffres. Maintenant, afin de tester cette fonction et de lister ces nombres, vous pouvez lancer la fenêtre d'invite de commande et taper la ligne de code suivante :

list (range (5))

Ceci imprimera une sortie contenant une liste de 5 nombres allant de 0 à 4. Changez le nombre à l'intérieur des parenthèses afin de rendre la liste plus courte ou plus longue.

Comme notre petit programme doit dessiner quatre formes, nous utiliserons une plage de quatre éléments pour le faire. La boucle elle-même commencera comme ceci :

for x in range(4) :

Le mot clé "for" détermine le type de la boucle. Ensuite, nous avons "x" qui est une variable qui agit comme un compteur. Ensuite, nous avons le mot-clé "in" qui indique à la variable de compter à travers une liste de plages donnée. Enfin, nous avons la fonction range qui établit une liste de nombres que la boucle doit parcourir, dans ce cas une liste égale à [0, 1, 2, 3]. Recréons maintenant le programme que nous avons écrit au début du chapitre en utilisant une boucle for au lieu de répéter un grand nombre de lignes de code:

import turtle

p = turtle.Pen ()

for x in range(4):

        p.circle (100)

        p.left (90)

(Source : https://docs.python.org/3/library/turtle.html récupéré en Mars 2021)

C'est tout ! Vous voyez comme le programme est plus court ? Ce n'est toujours pas un programme très excitant parce qu'il ne fait pas grand-chose, mais au moins il n'a pas été si fastidieux à écrire. Grâce à la boucle for, nous avons obtenu les mêmes résultats, mais maintenant nous avons un code plus propre et nous n'avons pas perdu de temps à le taper.

Maintenant que vous avez compris comment fonctionne la boucle for, commencez à réfléchir à la manière de modifier votre programme pour qu'il puisse contenir 8 cercles au lieu de 4. Réfléchissez-y et pensez à ce qui doit être modifié afin d'accommoder deux fois plus de cercles.

Avec un peu de chance, vous avez trouvé vos propres idées et vous avez essayé de retravailler le programme. Vous savez déjà tout ce dont vous avez besoin pour le retravailler. Toutefois, si vous n'y êtes pas parvenu, vous avez probablement manqué quelque chose dans votre logique. Ne vous inquiétez pas, cela arrive aux meilleurs d'entre nous. Essayons de comprendre ensemble.

Tout d'abord, nous savons que le nouveau programme nécessite huit cercles. Cela signifie que la première modification que nous devons apporter concerne la fonction de plage. Nous avons besoin d'une plage de 8 éléments pour créer notre nouvelle boucle for. Mais ce n'est pas suffisant. Si c'est la seule modification que nous apportons, nous ne verrons aucune différence lorsque les formes seront imprimées sur notre écran. Comment cela se fait-il ? Vous vous souvenez de la rotation de 90 degrés ? En multipliant par quatre les rotations de 90 degrés, nous obtenons un total de 360 degrés. Par conséquent, lorsque nous avons huit rotations de 90 degrés, nous nous retrouvons avec un autre ensemble de 4 cercles qui chevauchent les quatre précédents, et nous ne verrons donc aucune différence. Pour résoudre ce problème, nous devons modifier la valeur de la rotation. Pour ce faire, il suffit de diviser 360, car c'est le total que nous pouvons avoir autour du centre, par 8 car nous aurons huit cercles. 360 / 8 = 45 degrés. Cela signifie que chaque tour sera fait à 45 degrés afin d'adapter 8 cercles. Par conséquent, la fonction p.left() aura un paramètre avec la valeur de 45 au lieu de 90. Voici à quoi ressemblera le code maintenant:

```
import turtle

p = turtle.Pen()

for x in range (8):

        p.circle (100)

        p.left (45)
```

(Source : https://docs.python.org/3/library/turtle.html récupéré en Mars 2021)

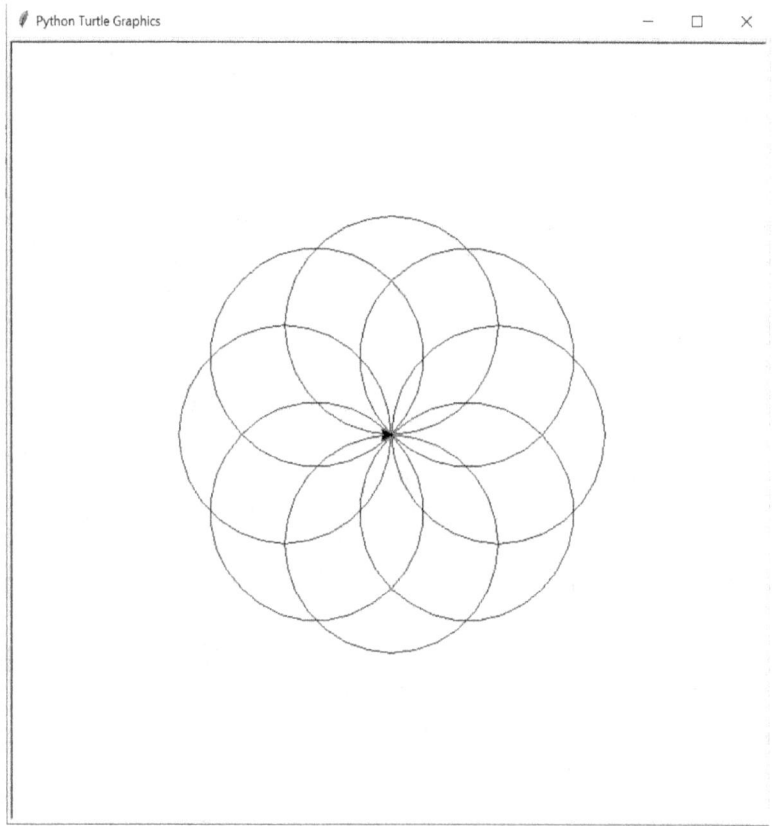

Dans cette version du programme, l'instruction de boucle va parcourir une liste de 8 nombres allant de 0 à 7. Cela signifie que les deux instructions seront exécutées 8 fois. La principale différence entre ce programme et le précédent est le fait que les cercles tournent à 45 degrés à chaque fois au lieu de 90 degrés. De cette façon, nous obtenons 8 cercles générés autour d'un point central. Cela fait une jolie illustration, et heureusement nous n'avons pas eu à écrire toutes les commandes 8 fois pour chaque cercle individuellement. Cela aurait pris beaucoup de temps, sans parler du fait que cela aurait été ennuyeux et fastidieux. Mais nous pouvons encore améliorer ce programme et le rendre plus intéressant et amusant !

S'amuser avec les boucles For

Rendons notre programme de génération de cercles un peu plus intéressant en donnant à l'utilisateur la possibilité de taper un nombre quelconque et, en fonction de ce nombre, une collection de cercles sera dessinée automatiquement. Nous pouvons rendre cette application plus interactive en calculant comment un nombre quelconque de cercles doit être disposé de manière qu'ils soient tous soigneusement disposés autour du point central de votre écran. La première chose à faire est de déterminer que la plage de nombres est égale au nombre que l'utilisateur saisit. Une fois que le programme a l'entrée, il doit simplement diviser les 360 degrés par cette valeur afin d'obtenir le nombre de degrés dont chaque cercle doit tourner lors de l'itération de la boucle. Jetons un coup œil au code et voyons ce qui se passe :

```
import turtle

p = turtle.Pen()
```

We are going to ask the user to type how many circle he or she wants the program to generate. We will also leave a default value of 8, just in case the user doesn't want to input any number.

```
totalShapes = int (turtle.numinput ("Total number of shapes", "How many shapes do you want?", 8))

for x in range (totalShapes):

        p.circle (100)

        p.left (360 / totalShapes)
```

(Source : https://docs.python.org/3/library/turtle.html récupéré en Mars 2021)

Décomposons ce que nous avons dans cette application. Tout d'abord, nous créons une nouvelle variable appelée "totalShapes" qui utilisera certaines fonctions. Comme précédemment, nous utilisons également le programme Turtle afin d'avoir accès à la fonction numinput(), qui est utilisée pour permettre au programme de demander à l'utilisateur d'entrer un chiffre. Ensuite, nous avons quelques chaînes de caractères qui sont imprimées pour l'utilisateur, suivies de la valeur 8. Cette valeur est importante car si l'utilisateur ne précise pas combien de cercles il veut générer, le programme en créera 8. L'entrée de l'utilisateur est ensuite stockée sous forme d'un nombre entier afin qu'elle puisse être utilisée dans la fonction range. Ensuite, nous avons la boucle for qui s'appuie sur la variable totalShapes afin d'itérer dans une liste de valeurs égales à la valeur de cette variable. Les instructions pour dessiner la forme restent exactement les mêmes que précédemment. La principale différence réside dans le fait que nous divisons la valeur totale de 360 degrés par le nombre que l'utilisateur a saisi. De cette façon, le programme détermine automatiquement le nombre de cercles qu'il peut afficher en ajustant la valeur de l'angle. Par exemple, si vous spécifiez que vous voulez 20 cercles, chaque cercle tournera de 18 degrés, car 360 / 20 = 18.

Amusez-vous avec ce programme en entrant n'importe quel nombre pour voir ce qui se passe. Vous pouvez générer des centaines de cercles. Gardez simplement à l'esprit que si vous entrez un grand nombre, vous devrez attendre que Python traite chaque itération de la boucle et dessine tous ces cercles. Vous pouvez également utiliser tout ce que vous avez appris jusqu'à présent pour apporter d'autres modifications au programme. Par exemple, vous pouvez modifier la couleur de l'arrière-plan. Vous pouvez également modifier la couleur de la ligne du cercle. Vous pouvez choisir de dessiner des carrés au lieu de cercles. Vous pouvez faire en sorte que la taille des cercles augmente progressivement. Il n'y a aucune limite à ce que vous pouvez faire avec un peu d'imagination et un peu de Python.

Boucles While

La boucle for est polyvalente et utile dans tout type de programme, cependant, ce n'est pas une solution toute puissante qui peut être utilisée pour résoudre tous les problèmes. Elle a des limites. Par exemple, disons que nous devons arrêter l'exécution de la boucle lorsque quelque chose se produit dans le programme. Nous ne voulons pas toujours parcourir toute la boucle. Ou disons que nous n'arrivons pas à savoir combien de fois nous devons exécuter une certaine boucle. C'est particulièrement le cas lors de la conception de jeux, car il nous est impossible de savoir combien de fois un joueur donné voudra effectuer une action. Nous devons donc lui permettre de toujours choisir quand il le souhaite, sans aucune limite qui l'obligerait à recommencer le jeu. Imaginez que vous obligiez vos amis à quitter leur jeu ou à éteindre leur console et à la redémarrer avant de pouvoir jouer un autre tour. Personne n'aimerait vivre cela.

Afin de résoudre tous les problèmes mentionnés ci-dessus, nous devons introduire un autre type de boucle dans nos programmes. La solution à bon nombre de ces problèmes est la boucle "while". Bien qu'elle appartienne également à la catégorie des boucles, elle fonctionne de manière totalement différente de la boucle for. Au lieu de parcourir une liste d'éléments ou de nombres, la boucle while vérifie simplement si une condition est remplie et, en fonction de cette condition, elle décide de se répéter ou d'arrêter de fonctionner. En d'autres termes, tant que quelque chose est vrai, il se passe quelque chose. Lorsque ce n'est plus vrai, l'action se termine et le programme continue avec les commandes suivantes. Ceci étant dit, voici à quoi ressemble la syntaxe :

while *la condition* :

   tapez vos instructions ici

La condition while est simplement un test de type vrai ou faux. Elle est également connue sous le nom d'expression booléenne parce que nous ne pouvons avoir que deux valeurs ici. Soit quelque chose est vrai, soit c'est faux. Il n'y a pas d'autres options. Voici l'instruction while dans un exemple plus facile à comprendre : tant que vous avez faim, mangez. Tant que vous avez faim, vous continuez à manger, en passant donc par une boucle où vous mettez de la nourriture dans votre bouche, la mâchez et l'avalez. Lorsque vous n'avez plus faim, vous arrêtez de manger, quittez la boucle et poursuivez votre journée.

Les opérateurs de comparaison constituent un autre aspect important des boucles while. Lorsque nous écrivons une boucle while, nous devons parfois comparer des valeurs afin d'exécuter un certain bloc de code. C'est particulièrement vrai lorsqu'on travaille avec des nombres. Par exemple, nous pourrions avoir quelque chose comme la logique suivante : Si x est inférieur à 10, exécutez cette ligne de code. Lorsque x n'est plus inférieur à 10, l'exécution du code s'arrête. Cela se traduit par la phrase suivante : si x < 10 est vrai, faire quelque chose. Le symbole "<" signifie inférieur à et est connu comme un opérateur de comparaison car il compare au moins 2 valeurs. Les autres opérateurs de comparaison sont ">" (supérieur à), "==" (égal à), "<=" (inférieur ou égal à), ">=" (supérieur ou égal à) et "!=" (non égal à). Prêtez une attention particulière à l'opérateur de comparaison égal à, car il est écrit avec deux signes égaux. C'est important, car taper un égal signifie que nous déclarons une certaine valeur à une variable, au lieu de comparer deux valeurs.

La boucle while et la boucle for présentent toutefois des caractéristiques similaires. Par exemple, les deux boucles vont répéter une collection d'instructions autant de fois que nécessaire. Les deux boucles indiquent également à Python d'exécuter uniquement les instructions qui leur appartiennent. Ceci étant dit, examinons un programme simple pour voir comment les boucles while fonctionnent en pratique :

```
# demander à l'utilisateur de saisir son nom

name = input ("what's your name?")

# le nom sera affiché jusqu'à ce que nous sortions du programme

while name != "":

# afficher le nom 50 fois

    for x in range (50):
```

print (name, end = " ")

print ()

demander à l'utilisateur de taper un nouveau nom

name = input ("type a new name, or hit the [ENTER] key to quit the program ")

ou de quitter le programme

print ("see you later!")

```
name = input ("what's your name?")
while name!=" ":
    for x in range(50):
        print(name,end=" ")
    print (" ")
    name = input ("type a new name, or hit the [ENTER] key to quit the program ")
    print ("see you later!")
```

Voyons ce que nous avons fait plus en détail. Tout d'abord, comme dans l'un de nos premiers programmes, nous demandons à l'utilisateur de taper son nom. Ce nom sera ensuite stocké dans une variable, qui sera utilisée dans un test où nous le vérifierons comme condition dans une boucle while. Lorsque nous entrons dans la boucle, celle-ci commence à s'exécuter tant que le nom saisi par l'utilisateur est différent d'une chaîne vide sans nom. Cette chaîne vide est écrite sous la forme de deux guillemets ne contenant aucun caractère. Ensuite, nous avons également une boucle for dans notre application. Son but est d'imprimer le nom de l'utilisateur 50 fois, chaque fois avec un espace pour les séparer. Comme d'habitude, la boucle for se répétera chaque fois que x sera inférieur à la valeur 50, qui est le maximum de l'intervalle que nous avons déclaré. Lorsque nous atteindrons 50, le programme imprimera une ligne vide, puis demandera à l'utilisateur de taper un nouveau nom. Si un nouveau nom est saisi, le programme recommence à partir de la boucle while, en effectuant chaque étape comme précédemment. Tant que l'entrée n'est pas une chaîne vide, le programme exécute la boucle for pour imprimer le nouveau nom 50 fois. Lorsque nous aurons une chaîne vide, le programme arrêtera de s'exécuter en mettant fin à la boucle et en disant au revoir à l'utilisateur.

Ce programme simple est un parfait exemple de la façon dont nous pouvons utiliser les deux boucles différentes ensemble pour effectuer un ensemble différent d'actions. Chacune d'entre elles remplit un objectif différent.

Utilisons maintenant toutes les connaissances acquises jusqu'à présent, ainsi que l'idée d'imprimer une liste de noms à l'écran, pour créer quelque chose de plus intéressant. Nous allons combiner la boucle d'impression de noms avec un programme de génération de formes similaire à celui que nous avons déjà créé. Nous allons construire un objet en forme de spirale qui est fait à partir d'une liste de noms. L'un des aspects les plus importants auxquels nous devons réfléchir dans ce cas est la manière de répéter les noms en même temps afin de dessiner la forme. Nous ne pouvons pas nous contenter de les imprimer un par un, car cela n'aurait pas l'air intéressant et prendrait un certain temps à être traité. Ce que nous devons faire est de créer une liste et de garder chaque nom que nous allons utiliser pour la forme dans cette liste. C'est similaire à ce que nous avons fait dans un projet précédent en utilisant une liste de couleurs. Ensuite, au fur et à mesure de l'exécution de la boucle, les noms changeront. Notre spirale aura plusieurs branches, nous allons donc dédier un nom par branche, ainsi qu'une couleur. De cette façon, tous les coins de la forme seront composés d'un nom et d'une couleur distincts.

Maintenant, commençons par déclarer une liste sans éléments :

myFriends = []

Cette liste contiendra les noms de vos amis. Rappelez-vous que lorsque nous avons utilisé une liste de couleurs dans nos exemples précédents, nous connaissions déjà les couleurs que nous voulions utiliser. Dans ce cas, cependant, nous voulons que l'utilisateur tape les noms qu'il souhaite au lieu d'avoir des noms prédéterminés. En ayant une liste vide avec rien d'autre qu'une paire de parenthèses, nous disons à Python que nous voulons une liste appelée "myFriends", mais les objets ne seront connus que lorsque l'application sera en cours d'exécution.

Maintenant que nous avons une liste vide, nous allons utiliser une boucle while comme nous l'avons fait précédemment afin de demander les noms choisis par l'utilisateur. Ces noms seront alors ajoutés à la liste vide. L'utilisateur va taper un nom, et il deviendra le premier élément de la liste. Lorsqu'il tape un autre nom, celui-ci deviendra le deuxième élément, après le premier nom. L'utilisateur peut ajouter autant de noms qu'il le souhaite. Lorsqu'ils sont tous ajoutés, la touche "entrée" sera pressée afin de faire savoir à l'application que nous avons fini d'introduire des éléments de la liste. À ce stade, nous allons introduire une boucle for dans notre programme afin de nous occuper du dessin artistique. C'est ici que les formes seront créées en utilisant les noms de la liste. Maintenant, voyons à quoi ressemblera le code :

```
import turtle

p = turtle.Pen ()

turtle.bgcolor ("white")

myColors = ["purple", "green", "blue", "red", "yellow", "black", "pink", "brown", "orange", "teal"]

myFriends = []

typeName = turtle.textinput ("My friends", "Type the names of your friends and hit the [ENTER] key to continue")

while typeName != "":

        myFriends.append (typeName)

        typeName = turtle.textinput ("My friends", "Type additional names of your friends and then press [ENTER] to continue")

    for x in range (10):

            p.pencolor (myColors [x%len(myFriends)])

            p.penup ()

            p.forward (x * 4)

            t.pendown()
```

p.write (myFriends [x%len(myFriends)])

font = ("Arial", int((x+4)/4), "bold")

p.left (360/len (myFriends) + 2)

```
File Edit Format Run Options Window Help
import turtle
p=turtle.Pen()
turtle.bgcolor("white")
myColors =["purple", "green", "blue", "red", "yellow", "black", "pink", "brown", "orange", "teal"]
myFriends =[]
typeName = turtle.textinput ("My friends", "Type the names of your friends and hit the [ENTER] key to continue")
while typeName !="":
    myFriends.append(typeName)
    typeName = turtle.textinput ("My friends", "Type additional names of your friends and hit the [ENTER] key to continue")
    for x in range (10):
        p.pencolor (myColors [x%len(myFriends)])
        p.penup ()
        p.forward (x * 4)
        p.pendown()
        p.write(myFriends[x%len(myFriends)])
        font=("Arial",int((x+4)/4),"bold")
        p.left(360/len(myFriends)+2)
```

(Source : https://docs.python.org/3/library/turtle.html récupéré en Mars 2021)

Ouf, ce programme est un peu plus compliqué que les autres sur lesquels nous avons travaillé jusqu'à présent, mais ne vous inquiétez pas, nous allons le décomposer. D'ailleurs, lorsque vous ne comprenez pas complètement un programme, vous devriez commencer à le décomposer en petites parties. Ne l'analysez pas comme une application entière car il est facile de s'y perdre. Lisez une ligne à la fois et réfléchissez à chacune d'entre elles. Analysez-les individuellement, et lorsque vous comprenez ce qui se passe, passez à la ligne suivante. Si vous n'arrivez pas à comprendre une ligne de code donnée, divisez-la également en petits morceaux et examinez-les un par un. Vous finirez par vous rendre compte que vous ne connaissez tout simplement pas la signification d'un ou deux mots-clés. Mais une fois que vous savez ce que vous ne comprenez pas, vous pouvez faire des recherches rapidement et le découvrir. Comme mentionné précédemment, travailler avec du code n'est pas différent de jouer avec des Legos. Tout ce que vous faites, c'est utiliser de petits morceaux pour créer des blocs que vous utilisez ensuite pour créer un objet entier. Ceci étant dit, revenons à notre code et voyons ce qui se passe.

Tout d'abord, nous créons la liste vide mentionnée précédemment. Nous l'avons appelée "myFriends" et elle contiendra tous les noms des amis de l'utilisateur lorsqu'il les aura saisis pendant que l'application est en cours d'exécution. Après l'enregistrement du premier nom, la boucle while continuera à fonctionner jusqu'à ce que tous les noms soient rassemblés. À la fin de ce processus, nous avons une fonction "append", qui récupère chaque nom qui a été tapé par l'utilisateur et l'ajoute à la liste dans l'ordre approprié. Tous les noms sont ajoutés les uns après les autres dans la liste vierge, dans l'ordre où l'utilisateur les a tapés. Lorsque l'utilisateur appuie sur la touche "entrée", le programme sait qu'il a fini de taper les noms.

C'est ici que la boucle for entre en jeu. Comme précédemment, nous déclarons d'abord la couleur du stylo. Vous remarquerez également que nous avons un nouveau mot-clé appelé "len". Ce mot clé signifie "longueur" et détermine la longueur de la liste de noms. Par exemple, si l'utilisateur tape cinq noms, la commande "len" renverra cinq.

Ensuite, l'opérateur modulo est utilisé pour que nous puissions faire défiler cinq couleurs. Chaque couleur correspondra à l'un des noms. Plus il y a de noms, plus il y a de rotations de couleurs. Cependant, nous sommes limités à dix couleurs, car c'est tout ce que nous avons ajouté à notre liste de couleurs. Si vous voulez plus d'options, il suffit d'ajouter d'autres couleurs à la liste. Dans cette boucle, nous utilisons également la fonction "penup" afin d'éloigner le stylo de l'écran pour qu'il ne génère pas de dessins lorsque nous le déplaçons vers la forme suivante. Si nous n'utilisions pas cette fonction, nous aurions des lignes reliant tout. N'oubliez pas qu'en programmation, vous devez dire à chaque chose ce que vous voulez que le programme fasse, car il ne décidera pas de lui-même comme vous le faites. Ensuite, le stylo est à nouveau posé afin de générer d'autres noms.

Dans la phase suivante, le stylo sera informé de ce qu'il doit dessiner spécifiquement. Nous avons ici une sorte de formule qui ressemble à ceci [x%len(myFriends)]. Cela signifie que nous utilisons l'opérateur modulo pour parcourir toute la liste des noms et les traiter dans l'ordre où ils ont été ajoutés. Ensuite, nous spécifions la police dans laquelle nous voulons que les noms soient écrits. Ici, nous avons utilisé la police Arial, puis nous l'avons mise en gras, mais vous pouvez également utiliser d'autres polices, comme Times New Roman, ou des polices plus sophistiquées comme Gothic. Vous pouvez aussi mettre l'écriture en italique plutôt qu'en gras. Ou pourquoi pas les deux ?

Une autre modification que nous avons apportée afin de rendre les dessins plus intéressants est la déclaration suivante qui fait croître la taille de la police.

La ligne (x + 4) /4 signifie que lorsque la boucle atteint 10, ou x = 10, la taille de la police sera augmentée. Vous pouvez jouer avec ces valeurs pour voir ce qui se passe. Vous pouvez faire en sorte que la taille de la police soit plus petite, voire plus grande. Enfin, nous écrivons une autre équation qui indique au stylo d'aller vers la gauche d'un nombre de degrés de " 360 / len (myFriends) " plus deux autres degrés. Cela signifie que si nous avons 4 amis dans la liste, ils vont pivoter de 90 degrés chacun, plus deux autres degrés, de sorte que les formes forment une spirale nette. Rappelez-vous, dans l'exemple précédent où nous avons discuté des degrés, que plus le nombre d'éléments est élevé, moins la rotation sera importante. Une liste de 8 noms fera une rotation de 45 degrés + 2, au lieu de 90 + 2, et ainsi de suite. Le but de ces 2 degrés supplémentaires est de faire aller les formes vers la gauche afin de créer un effet de tourbillon sympa.

Boucles imbriquées

Jusqu'à présent, nous avons vu combien les boucles for et while sont utiles et nécessaires, mais nous ne les avons utilisées que brièvement. Elles géraient admirablement notre code répétitif et nous épargnaient l'ennui d'écrire des dizaines de lignes de code presque identiques. Cependant, elles peuvent faire encore plus en formant des boucles imbriquées.

Les boucles imbriquées sont simplement des boucles à l'intérieur d'autres boucles et nous pouvons répéter cela autant que nous le voulons. Nous pouvons créer une chaîne entière de boucles à l'intérieur d'autres boucles qui sont à l'intérieur d'autres boucles, et ainsi de suite. Afin de comprendre facilement ce concept, nous allons revenir au dessin. Les arts visuels sont parfaits pour expliquer des théories ennuyeuses. Nous allons donc continuer à utiliser le programme Turtle et à dessiner d'autres spirales et d'autres formes géométriques. Cependant, cette fois, nous ne dessinerons pas une série de noms qui formeront une forme, nous dessinerons une spirale construite à partir de spirales.

Pour ce faire, nous allons avoir une boucle qui va dessiner la spirale principale. Ensuite, nous allons écrire une autre boucle à l'intérieur de la boucle principale. Son but sera de dessiner toutes les petites spirales qui formeront la grande spirale. Mais avant d'en arriver là, parlons un peu plus des boucles imbriquées et de leur aspect dans le code.

Pour écrire une boucle imbriquée, nous devons commencer comme d'habitude, en écrivant une boucle. Une fois que nous avons la boucle, nous laissons un espace vide et nous tapons la boucle suivante. Le fait de commencer la ligne après la boucle initiale par un espace indique à Python que l'instruction suivante appartient à cette boucle. Cela fonctionne exactement comme pour toutes les autres instructions que nous avons écrites à l'intérieur d'autres boucles for et while. Les boucles imbriquées sont simplement des instructions qui appartiennent à d'autres boucles, même si elles sont elles-mêmes des boucles. Maintenant, regardons un peu de code car vous êtes probablement un peu perdu :

```
for x in range (100):

    for y in range (100):
```

La première boucle s'enroule autour de la boucle imbriquée. Gardez à l'esprit que, parfois, la boucle principale qui contient tout est appelée boucle externe, et les boucles qui sont imbriquées à l'intérieur sont appelées boucles internes. Ceci étant dit, la boucle interne sera exécutée 100 fois, et la boucle principale sera également exécutée 100 fois. Cela signifie un total de 100 * 100 exécutions.

Maintenant, commençons à écrire notre nouveau programme pour bien comprendre comment les boucles imbriquées peuvent être utilisées dans le monde réel. Comme cette application peut sembler un peu confuse en raison de toutes les boucles à l'intérieur d'autres boucles, nous allons discuter de chaque étape. Commençons comme d'habitude, en important Turtle et en configurant le stylo Turtle :

```
import turtle

p = turtle.Pen()

p.penup ()

turtle.bgcolor ("white")
```

(Source : https://docs.python.org/3/library/turtle.html récupéré en Mars 2021)

Ces lignes de code ne sont pas différentes de celles que nous avons écrites précédemment. Elles déterminent simplement la couleur de l'arrière-plan et du stylo. Cependant, ces informations ne seront pas utilisées pour dessiner la forme principale car nous voulons d'abord créer des formes plus petites qui formeront la plus grande forme. C'est pourquoi nous utilisons à nouveau la fonction "penup", afin que le stylo soit levé dès le début du programme.

L'étape suivante consiste à demander à l'utilisateur de préciser le nombre de faces qu'il souhaite pour la forme en spirale. Pour ce faire, nous allons utiliser la fonction "numinput" une fois de plus, et nous allons définir un nombre par défaut de 4 faces au cas où l'utilisateur ne voudrait pas choisir. Nous allons également ajouter une limite à ce choix en permettant à l'utilisateur de sélectionner entre 2 et 6 faces. Jetons un coup d'œil à un peu plus de code :

```
shapeSides = int (turtle.numinput ("Total number of spiral faces", "How many sides do you want from 2 to 6?", 4, 2, 6))

myColor = ["orange", "green", "purple", "blue", "yellow", "red"]
```

N'oubliez pas que la fonction "numinput" est utilisée pour ajouter un titre à la fenêtre, puis poser la question à laquelle l'utilisateur doit répondre. Dans cette partie du code, nous avons également déterminé que nous voulons que la valeur par défaut soit 4, puis nous avons un minimum de 2 et un maximum de 6 côtés. L'utilisateur ne peut pas demander au programme de saisir une valeur inférieure à 2 ou supérieure à 6 car le programme lui donnera un message d'avertissement indiquant que la forme ne peut avoir que 2 à 6 côtés. Nous avons également créé notre liste de couleurs à ce stade et nous avons un maximum de 6 couleurs pour correspondre au maximum de 6 côtés possibles.

L'étape suivante consiste à définir la boucle de notre objet. Ce sera la boucle principale et elle placera le stylo à chaque coin de l'objet afin de le dessiner. Voici à quoi ressemble le code :

```
for y in range (200):

        p.forward (y * 4)

        location = p.position ()

        direction = p.heading ()

for y in range (200):

        p.forward (y * 4)
```

```
position = p.position ()

direction = p.heading ()
```

Cette boucle va faire passer la variable y de 0 à 199 afin d'effectuer 200 passages. Comme précédemment, le stylo doit avancer, mais lorsqu'un coin de l'objet est atteint, la position actuelle du stylo sera mémorisée, ainsi que sa direction. La position sera mesurée en coordonnées x et y qui représentent un certain emplacement sur votre écran. La direction, ou le cap comme l'appelle la fonction, représente la direction que prend le stylo. Le stylo se déplace de manière à laisser de la place pour les petites formes qui seront également dessinées plus tard. C'est pourquoi nous devons mémoriser ces positions et directions, afin que la forme de l'objet soit bien conservée une fois le programme terminé. Si nous ne disons pas à notre application de mémoriser ces informations, le stylo ira simplement au hasard sur tout l'écran et dessinera les petites formes en fonction de l'emplacement des formes précédentes.

Les commandes de position et de direction seront utilisées pour accéder à l'emplacement et à la direction du stylo. L'emplacement sera déterminé en fonction des coordonnées x et y. Rappelez-vous que x représente la ligne horizontale et y la ligne verticale. Lorsque ces deux lignes se croisent, nous avons un point qui sera la position de notre objet. La direction, quant à elle, est mesurée en degrés. Elle peut être comprise entre 0 et 360 degrés. Ce qu'il est important de savoir ici, c'est que 0 se traduit par le haut. Sur la base de cette seule information, nous pouvons imaginer la direction de n'importe quel objet avant de le déclarer. Toutes ces données seront stockées dans de nouvelles variables car nous en avons besoin pour déterminer où générer les petits objets sans déformer la grande image globale. Avec cela en tête, écrivons maintenant la boucle interne qui dessinera une forme à chaque coin de notre objet principal :

```
for z in range (int (y / 2)):

    p.pendown ()

    p.pencolor (myColor [z % shapeSides])

    p.forward ( 2 * z)

    p.right ( 360 / shapeSides – 2)
```

p.penup ()

p.setx (position [0])

p.sety (position [1])

p.setheading (direction)

p.left (360 / shapeSides + 2)

(Source:
https://runestone.academy/runestone/books/published/StudentCSP/CS
PTurtleDecisions/random.html récupéré en Mars 2021)

File Edit Format Run Options Window Help

```
import turtle
p=turtle.Pen()
p.penup()
turtle.bgcolor("white")
shapeSides= int(turtle.numinput ("Total number of spiral faces", "How many sides do you want from 2 to 6?", 4, 2, 6))
myColor = ["orange", "green", "purple", "blue", "yellow", "red"]
for y in range (200):
    p.forward (y * 4)
    position = p.position()
    direction = p.heading()
    for z in range (int(y/2)):
        p.pendown()
        p.pencolor(myColor [z % shapeSides])
        p.forward(2*z)
        p.right(360/shapeSides-2)
        p.penup()
    p.setx(position[0])
    p.sety(position[1])
    p.setheading(direction)
    p.left (360 / shapeSides + 2)
```

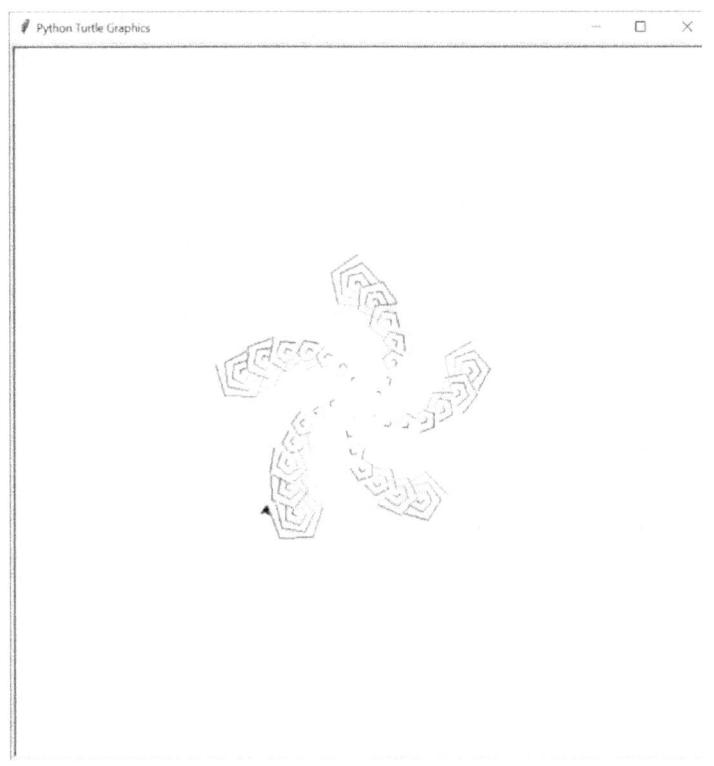

Ci-dessus mon exemple avec 5 faces :

Voyons ce que nous avons jusqu'à présent. Notre boucle for commence avec la variable z égale à 0 et elle se termine lorsque sa valeur est égale à la moitié de la variable y, donc y / 2. Le but de cette opération est de maintenir les petits objets comme des formes plus petites que l'objet principal. La structure de ces petites formes est exactement la même que celle de l'objet principal, à l'exception de la taille. En outre, nous demandons au programme de poser le stylo avant de créer les lignes, puis de le relever après chaque ligne. De cette façon, l'objet principal reste propre sans avoir de lignes interconnectées.

Ensuite, nous définissons la position horizontale du stylo en fonction de la position stockée que nous avons déclarée plus tôt dans le code. Comme nous l'avons déjà mentionné, la ligne horizontale est appelée l'axe des x, donc pour manipuler la position horizontale, nous devons utiliser la fonction "setx". La même chose doit être faite pour la position verticale en utilisant la fonction "sety". Une fois que les positions sont claires, nous manipulons la direction que nous avons également stockée plus tôt dans la mémoire du programme. Rappelez-vous que lorsque la boucle principale se termine lorsque 200 passages sont atteints, nous aurons 200 petites formes tourbillonnantes placées dans un grand motif tourbillonnant.

Voilà, nous avons terminé notre nouveau programme à l'aide de boucles imbriquées. Si vous avez également terminé votre application (n'oubliez pas de la personnaliser à votre guise), vous verrez qu'il y a un certain inconvénient à travailler avec des boucles dans des boucles. L'objet principal prend plus de temps à être dessiné que les nombreux petits objets. Cela s'explique par le fait qu'il y a beaucoup plus de traitement en cours pour créer la grande forme. Les petits objets n'ont pas autant de code qui doit être lu et analysé par le programme. Toutes ces commandes qui définissent le stylo et ses caractéristiques, ainsi que toutes les autres fonctions liées à l'objet principal, feront que le programme prendra plus de temps pour dessiner la forme principale.

Par conséquent, les boucles imbriquées peuvent être très pratiques, mais vous devez savoir qu'elles ralentiront votre programme. Veillez donc à ne pas en abuser, sinon votre système sera retardé. Il pourrait même se planter. Rien ne peut se produire lors de la création d'un programme aussi simple que celui-ci, mais imaginez créer un jeu qui comporte des centaines ou des milliers de lignes de code. L'introduction d'un trop grand nombre de boucles imbriquées pourrait rendre ce jeu injouable. Ainsi, lorsque vous concevez votre programme, pensez un peu à ces obstacles car, en programmation, vous avez toujours la possibilité de faire la même chose en utilisant des méthodes différentes.

Résumé

Dans ce chapitre, vous avez appris les principes fondamentaux du travail avec les boucles. Rappelez-vous que leur principal objectif est de transformer du code répétable en une boucle afin de ne pas avoir à écrire les mêmes étapes encore et encore. Chaque fois que vous devez répéter un ensemble d'instructions, voyez si vous pouvez écrire une boucle.

Dans ce chapitre, vous avez appris à connaître les deux types de boucles, à savoir la boucle for et la boucle while. Lorsque vous codez votre application, vous devez examiner attentivement quelle boucle est la plus appropriée car elles fonctionnent différemment. Par exemple, en utilisant une boucle for, vous pouvez demander au programme d'exécuter un certain nombre d'instructions plusieurs fois. Nous avons utilisé ce type de boucle dans quelques-uns de nos exemples lorsque nous devions boucler un certain code 20 fois, pour autant qu'une variable se trouve dans cette plage. D'autre part, nous avons la boucle while qui exécute le code tant qu'une condition spécifique est toujours vraie. Cela signifie que la boucle peut également fonctionner jusqu'à ce que quelque chose change dans le programme.

Ce chapitre avait pour but de vous apprendre comment les boucles peuvent modifier l'exécution d'un programme en fonction de ses conditions et de l'interaction entre l'utilisateur et l'application. Dans bon nombre de nos exemples, nous avons utilisé la fonction "range" afin de créer des listes qui nous permettraient ensuite de répéter un certain nombre de fois un ensemble de commandes. Cela permettait de contrôler le flux d'exécution. Nous avons également utilisé l'opérateur modulo dans plusieurs cas afin de pouvoir parcourir en boucle un ensemble d'éléments de liste. Cela nous a permis de modifier les couleurs en fonction de ce que l'utilisateur choisissait dans une liste d'objets. En outre, vous avez également appris que vous pouvez créer une liste vide, qui sera ensuite remplie d'objets ou de valeurs à l'aide de la fonction "append". De cette manière, nos boucles ont permis à l'utilisateur d'introduire des informations dans notre programme, puis de les utiliser ultérieurement pour d'autres opérations.

En plus de travailler avec des boucles, vous avez également appris un certain nombre de fonctions que vous pouvez utiliser pour étendre vos programmes et les rendre plus intéressants. Par exemple, vous avez appris à utiliser la fonction "len" pour déterminer la longueur d'une liste. Gardez à l'esprit que dans ce cas, la longueur ne fait pas référence à une mesure en centimètre ou autre. Il s'agit de déterminer le nombre de valeurs ou d'éléments contenus dans une liste.

Dans la dernière section du chapitre, vous avez également découvert le concept de boucles imbriquées. Vous avez créé un programme utilisant des boucles à l'intérieur d'autres boucles. Vous avez créé une boucle principale qui contient un ensemble d'instructions, y compris une boucle interne qui contient un autre ensemble d'instructions. En utilisant ce modèle de boucle, vous avez créé un programme plus complexe et plus intéressant que la version précédente que vous aviez créée sans utiliser de boucles imbriquées.

En parcourant l'ensemble de ce chapitre, vous êtes désormais capable de créer des boucles for afin de répéter un ensemble d'instructions autant de fois que vous le souhaitez. Vous pouvez utiliser la fonction range pour créer également des listes et limiter le nombre d'exécutions de boucles. En outre, vous savez comment créer des listes vides et les remplir ensuite à l'aide de la fonction append. Combinez la puissance des boucles for avec celle des boucles while afin de pouvoir exécuter certaines instructions uniquement lorsqu'une condition spécifique est vraie. Utilisez toutes ces informations pour créer de nouveaux programmes passionnants, soit en utilisant ces boucles seules, soit en les combinant. Vous pouvez également créer des boucles imbriquées qui contiennent toute combinaison de boucles for et while. N'hésitez pas à écrire un programme utilisant uniquement des boucles for, puis à le remanier pour qu'il fonctionne uniquement avec des boucles while. C'est faisable, mais cela demande un peu de créativité mélangée à de la logique car les programmes n'auront pas la même syntaxe. Ce n'est qu'en pratiquant et en expérimentant par vous-même que vous apprendrez.

Chapitre 5:

Les Conditionnels

Les programmes informatiques ne sont pas géniaux uniquement parce qu'ils sont beaucoup plus rapides et plus précis que les humains dans le traitement de l'information. Ils sont également capables de prendre des décisions simples de leur propre chef. Il suffit de penser aux nombreux appareils intelligents que vous avez chez vous ou dans votre voiture. Pensez au thermostat. Lorsque la température de votre pièce passe en dessous d'une certaine valeur, le thermostat déclenche le chauffage pour faire remonter la température. La même chose se produit avec la plupart des caméras de sécurité modernes. Elles ne s'allument pas pour commencer à enregistrer tant qu'elles n'ont pas détecté de mouvement. Dès que le capteur de détection de mouvement de la caméra est déclenché par un mouvement, la caméra s'allume et commence à enregistrer. Les voitures équipées de systèmes de freinage intelligents fonctionnent de la même manière. Dès que la voiture détecte un obstacle devant elle, elle déclenche le système de freinage pour vous afin d'éviter un accident. Il existe de nombreux exemples de ce type de dispositifs de prise de décision informatisés. On trouve d'autres exemples de ce type dans les jeux vidéo. Pensez à n'importe quel jeu de combat ou de rôle auquel vous avez joué récemment. Parfois, lorsque votre personnage brandit son épée pour frapper quelqu'un, le personnage contrôlé par l'ordinateur tente de bloquer votre attaque. Les processus de prise de décision font partie des ordinateurs et des systèmes programmés.

Dans tous les exemples ci-dessus, l'ordinateur recherche un certain nombre de conditions. La température de la pièce est-elle trop basse ? Quelqu'un se déplace-t-il devant la caméra ? Y a-t-il un obstacle devant la voiture ? Le joueur essaie-t-il de poignarder le monstre avec une épée ?

La bonne nouvelle est que vous êtes déjà un peu familier avec le fait de donner à vos programmes la capacité de prendre des décisions. Dans le dernier chapitre, nous avons utilisé la boucle while à plusieurs reprises. La boucle while, également appelée boucle de conditions, est l'une des formes les plus élémentaires de prise de décision. Nous devons donner au programme une condition, et tant qu'elle est vraie, le programme sait qu'il doit continuer à exécuter l'ensemble des commandes contenues dans cette boucle. Mais ce que nous voulons, c'est donner plus de pouvoir à l'utilisateur, lui donner la possibilité de décider et, sur la base de sa décision, le programme peut également décider de ce qu'il doit faire. Pour ce processus, nous avons besoin de l'instruction "if".

Nous allons commencer notre discussion sur la prise de décision avec l'instruction "if" que nous allons explorer plus en détail dans la section suivante. Ce que vous devez savoir pour l'instant, c'est qu'elle est utilisée pour donner au programme la possibilité de prendre une décision en fonction d'une réponse. Si quelque chose est vrai, alors l'ordinateur fera quelque chose. Par exemple, si le thermostat détecte que la température est bonne dans votre maison, il décidera de ne pas allumer le chauffage.

Dans ce chapitre, nous n'aborderons pas seulement les instructions if. Il existe d'autres instructions et concepts de prise de décision en Python, tels que les booléens, l'instruction else et l'instruction elif. Nous allons tous les explorer, alors commençons !

Instructions IF

L'instruction "if" est l'un des utilitaires de prise de décision les plus fréquemment utilisés dans tout langage de programmation, et pas seulement dans Python. En gros, elle nous permet d'indiquer au système d'exécuter un certain nombre de commandes en fonction d'une ou de plusieurs conditions. En d'autres termes, notre ordinateur sera capable de faire un choix.

La syntaxe de l'instruction if est quelque chose comme ceci :

if *condition*:

    tapez vos instructions ici

Nous pouvons également avoir plusieurs conditions, et non une seule. Mais pour l'instant, gardez à l'esprit que l'ordinateur teste la déclaration sous la forme d'une expression booléenne. En d'autres termes, il effectue un test de base de type vrai ou faux. Si la condition est vraie, le programme exécute toutes les instructions qui font partie de l'instruction. En revanche, si la condition hs'avère fausse, l'application l'ignorera simplement et exécutera le reste du code. Voici un exemple simple, en code cette fois :

question = input ("Is your name Max?")

```
if question == 'y':

        print ("Welcome Max!")

print ("ok, have a good day!")
```

La première ligne demande simplement à l'utilisateur si son nom est Max. Ensuite, nous avons l'instruction if qui dit que si l'utilisateur répond par "y", ce qui signifie "oui", alors le message "Bienvenue Max !" sera imprimé. Si l'utilisateur répond par autre chose, ce bloc de code sera ignoré et le programme traitera ce qui suit.

Ce à quoi vous devez faire attention dans cet exemple simple est l'opérateur que nous utilisons. Dans notre instruction if, nous effectuons un test pour voir si le nom de l'utilisateur est Max, et nous utilisons donc un opérateur "égal à". Toutefois, dans ce cas, l'opérateur égal à n'est pas un simple signe égal, mais deux signes égaux. L'opérateur == n'est pas identique à l'opérateur d'affectation car il vérifie si une condition est vraie ou non. Il n'affecte pas une valeur à une variable. Le test ne sera vrai que si l'utilisateur tape la lettre 'y' sur le clavier. Vous devez également prêter attention au fait que nous avons utilisé des guillemets simples autour de la lettre, au lieu de guillemets doubles. Cela signifie que le test est effectué pour rechercher ce caractère unique et que s'il apparaît, les instructions contenues dans l'instruction seront exécutées. Si la condition s'avère être vraie, un message est imprimé.

En outre, vous devez remarquer que l'instruction print est indentée pour faire partie de l'instruction if. Si nous ne procédons pas de la sorte, le programme pensera qu'il n'y a pas d'instructions à exécuter dans l'instruction if. Si le programme n'exécute pas cette instruction parce que la condition est fausse, il passera directement à la dernière ligne, qui n'est pas indentée, et imprimera un autre message.

Lorsque nous travaillons avec des instructions if, nous sommes également autorisés à placer des boucles et même des boucles imbriquées à l'intérieur de celles-ci. Il suffit d'indenter correctement les boucles pour que Python sache qu'elles font partie de l'instruction.

Maintenant que vous avez une idée générale de l'utilisation des instructions if, voyons une autre instruction conditionnelle permettant de prendre des décisions, appelée instruction "else".

Instructions ELSE

Dans de nombreux cas, nous voulons faire quelque chose si une condition est vraie, et autre chose si elle ne l'est pas. Lorsque vous travaillez avec des instructions if, si la condition n'est pas vraie, rien ne se passe. Le programme continue simplement à s'exécuter jusqu'à la ligne d'instructions suivante. C'est pourquoi nous devons utiliser l'instruction "else" si nous voulons que quelque chose se passe lorsque la condition s'avère fausse. Pensez à une situation de la vie réelle. Tu dis à ta mère de t'acheter une banane, mais tu peux aussi penser que le magasin n'a plus de bananes. Tu dis donc à ta mère de t'acheter une orange à la place, s'ils n'ont pas de bananes. La même logique s'applique ici.

Tout comme dans la logique du monde réel concernant l'achat de bananes ou d'oranges, l'instruction else ne peut être utilisée qu'après l'instruction if. On ne peut pas l'écrire seule. C'est pourquoi, dans la plupart des langages de programmation, on l'appelle également l'instruction if / else. Voici à quoi ressemble la syntaxe :

if *cette condition est vraie*:

       exécuter ces actions

else:

       exécuter ces autres actions

Comme vous pouvez le constater, la logique de l'instruction else est très simple. Si la condition initiale est vraie, les instructions contenues dans le bloc if seront exécutées et celles contenues dans le bloc else seront ignorées. En revanche, si la condition est fausse, les instructions if seront ignorées et celles du bloc else seront exécutées à la place. Examinons maintenant un autre type d'instruction, l'instruction Elif.

Instructions ELIF

Une autre option à l'instruction if est l'utilisation de la clause elif. Il s'agit d'une sorte de complément qui permet d'écrire plusieurs instructions if / else. Vous les utiliserez souvent dans vos applications afin de tester plus de deux possibilités. Le mot clé "elif" signifie "else if" et est tout aussi logique que les deux autres instructions. Pensez à vos notes à l'école. Disons que vous obtenez une note de 99 points à votre test, et que votre professeur va vous récompenser avec un A. Mais si vous obtenez une note inférieure, le professeur a quatre autres possibilités, et non une seule. En utilisant les simples instructions if / else, le professeur n'aurait le choix qu'entre A et F, et ce ne serait pas une bonne chose. Heureusement, B, C et D sont trois autres choix, nous devrions donc utiliser plusieurs instructions elif afin d'ajouter ces options dans un programme.

Travaillons donc sur un exemple utilisant le système de notation. Si le score est supérieur à 95, nous aurons un A, et toutes les autres déclarations et cas de test seront ignorés. Si nous avons un score de 80, nous aurons plutôt un B. Cela signifie que le programme a testé un A, mais que la condition n'a pas été remplie. Il est donc passé au cas de test suivant, qui était un B. Cette condition a été remplie, et le programme a continué à ignorer les autres options. Ceci étant dit, regardons un peu de code !

```
myScore = eval (input ("Type your test score here: ")

if myScore >= 90:

        print: ("you received an A")

elif myScore >= 80:
```

```
        print ("you received a B")

elif myScore >= 70:

        print ("you received a C")

elif myScore >= 60:

        print ("you received a D")

else:

        print ("you received an F")
```

Décomposons tout cela pour comprendre ce qui se passe. Tout d'abord, le programme demande à l'utilisateur de saisir un score sous la forme d'un nombre compris entre 0 et 100. Ce nombre est converti à l'aide de la fonction "eval", puis stocké dans une variable de score appelée "myScore". L'étape suivante consiste à effectuer une série de comparaisons. Tout d'abord, nous comparons le score que l'utilisateur a saisi à une valeur égale ou supérieure à 90. Si l'utilisateur a tapé un nombre compris entre 90 et 100, l'instruction if s'avère vraie et le message "vous avez reçu un A" est imprimé à l'écran. Si le nombre est inférieur à 90, le programme passe aux cas suivants. Le programme vérifie si le nombre remplit la condition d'être égal à un B. Si c'est vrai, tout le reste est ignoré. Si cette condition n'est pas remplie non plus, le programme passe à la clause elif suivante. Si un C est également faux, l'application vérifie la présence d'un D, et si cette condition n'est pas vraie non plus, l'instruction else sera appliquée. L'instruction else fonctionne comme un test final destiné à attraper toute valeur qui n'est pas comprise dans les valeurs qui sont vraies pour les autres conditions. Cela signifie que tout nombre qui n'est pas compris entre 60 et 100 sera pris en compte dans l'instruction else.

La structure if / elif / else est souvent utilisée lors de la création d'applications et de jeux utiles en raison des nombreuses variables qui doivent être testées. Par exemple, disons que vous créez une application qui aide l'utilisateur à décider des vêtements à porter. Ces déclarations seront utiles car le programme doit vérifier s'il fait jour ou nuit, été, hiver, printemps ou automne, chaud ou froid, pluie, neige ou soleil, etc. Veillez donc à consacrer suffisamment de temps à l'apprentissage de toutes ces instructions, car vous les utiliserez beaucoup dans un avenir proche.

Expressions booléennes

Les booléens, également connus sous le nom d'expressions booléennes ou expressions conditionnelles, sont l'un des outils de programmation les plus puissants. Ces expressions donnent au système la capacité de prendre ses propres décisions en évaluant diverses déclarations pour voir si elles sont vraies ou fausses. Les valeurs booléennes ne peuvent être étiquetées que comme Vrai ou Faux et rien d'autre. Voici à quoi ressemble la syntaxe :

premièreExpression opérateur conditionnel deuxièmeExpression.

Notez que ces expressions peuvent être presque n'importe quoi, comme des valeurs, des variables, des déclarations, etc.

Dans l'un de nos projets précédents, nous avons déjà utilisé une expression booléenne. Vous vous en souvenez peut-être : question == 'y'. La question est la première expression, le double signe égal est l'opérateur conditionnel, et 'y' est la deuxième expression. L'opérateur que nous avons utilisé dans cet exemple vérifie si la première expression est égale à la seconde. N'oubliez pas qu'un égal attribue une valeur, il ne faut donc pas l'utiliser pour comparer des expressions booléennes.

En gardant cela à l'esprit, il existe également d'autres opérateurs conditionnels.

Opérateurs conditionnels

Les opérateurs les plus souvent utilisés sont les opérateurs de comparaison et vous en avez déjà utilisé quelques-uns. Ce que vous devez retenir, c'est que ces opérateurs sont utilisés pour vérifier deux valeurs et voir comment elles se situent l'une par rapport à l'autre. Leur but est de déterminer si l'une des deux valeurs est plus grande ou plus petite que l'autre, ou si elles sont toutes deux égales, etc. Toutes ces comparaisons aboutissent à un résultat solide, qui est soit Vrai, soit Faux. Voici un exemple concret d'une telle comparaison.

Pensez au mot de passe de connexion de votre téléphone ou de votre ordinateur. Lorsque vous saisissez le mot de passe pour accéder au système, une expression conditionnelle l'accepte et le compare ensuite au mot de passe correct. Si votre mot de passe correspond au mot de passe correct, ou en d'autres termes s'il est égal à celui-ci, l'expression renvoie la valeur Vrai. Si c'est le cas, vous serez autorisé à accéder au système de votre téléphone ou de votre ordinateur. Maintenant, examinons les opérateurs de comparaison afin de les apprendre.

1. $5 < 10$: Cela se traduit par le fait que 5 est inférieur à 10, ce qui est une affirmation vraie.

2. $1 > 3$: Cela signifie que 1 est supérieur à 3, ce qui est une fausse affirmation.

3. $4 <= 5$: Cela signifie que 4 est inférieur ou égal à 5, ce qui est vrai.

4. $10 >= 11$: Cela se traduit par le fait que 10 est supérieur ou égal à 11, ce qui est faux.

5. $1 == 2$: Cela signifie que 1 est égal à 2, ce qui est faux.

6. $3 != 4$: Cela signifie que 3 n'est pas égal à 4, ce qui est vrai.

Vous avez peut-être remarqué que certains de ces opérateurs ne sont pas les mêmes qu'en mathématiques. Par exemple, le symbole != (non égal) en Python, s'écrit ≠ en mathématiques. Vous ne pouvez pas utiliser le symbole mathématique en programmation car le langage ne le reconnaît pas comme un opérateur de comparaison. La principale raison d'un tel

changement est le fait que la version programmation de l'opérateur est beaucoup plus facile et rapide à taper que la version mathématique.

Une autre chose à laquelle vous devez faire attention est que vous ne laissez pas d'espace entre les deux symboles qui constituent un opérateur. Par exemple, "==" est bon, alors que "= =" entraînera une erreur car Python le lit comme deux opérateurs d'affectation au lieu d'un opérateur de comparaison. Pour vous rafraîchir la mémoire :

n = 10

Il s'agit d'une affectation, car nous utilisons l'opérateur equal pour affecter la valeur de 10 à la variable n. D'un autre côté

n == 10

est une expression qui vérifie si la variable n est égale à 10 et qui renvoie un résultat Vrai ou Faux. Pour éviter de confondre les deux opérateurs, vous devez toujours lire l'opérateur de comparaison comme "est égal à". De cette façon, vous mémoriserez le fait qu'il s'agit d'une comparaison et non d'une affectation.

Un autre opérateur dont vous pourriez avoir du mal à vous souvenir est l'opérateur "non égal à", qui se compose d'un point d'exclamation et d'un égal. Vous devez faire la même chose que précédemment lorsque vous écrivez cet opérateur dans vos programmes. Lisez-le à haute voix. De cette façon, vous mémoriserez facilement la signification de !=.

Comme nous l'avons mentionné précédemment, le résultat de l'utilisation d'un opérateur conditionnel est toujours une valeur Vrai ou Faux, qui peuvent être les seules valeurs booléennes que vous pouvez obtenir. Ceci étant dit, lancez le shell Python et commencez à les tester. Tapez n'importe quelle expression à laquelle vous pouvez penser et voyez ce que Python vous donne comme résultat. Toutefois, vous devrez d'abord déclarer la variable et lui attribuer une valeur. Ce n'est qu'ensuite que vous pourrez taper la deuxième ligne où vous testerez si la valeur qui est maintenant x est égale à une nouvelle valeur. Voici un exemple :

n = 10

n > 5

True *(Vrai)*

Comme la variable n a la valeur 10, lorsque nous demandons à Python de vérifier si n est supérieur à 5, il renvoie "True" (Vrai) comme valeur, car 10 est un nombre plus grand que 5. Allez-y et essayez tous les opérateurs conditionnels dont nous venons de parler. Le processus est toujours le même que dans l'exemple ci-dessus et Python renverra toujours l'un des deux booléens, soit True ("vrai") ou False ("faux").

Instructions conditionnelles composées

Lorsque vous commencez à planifier vos propres applications et jeux, vous rencontrez des situations où les simples instructions if ou elif ne suffisent pas. Parfois, vous voulez demander au programme de faire quelque chose si deux conditions sont vraies en même temps. Par exemple, une application qui décide pour vous de ce que vous devez porter peut avoir besoin de vérifier que c'est à la fois l'été et la lumière du jour pour vous dire de porter des lunettes de soleil. C'est là que les instructions conditionnelles composées entrent en jeu.

En Python, les instructions composées sont identiques à celles de la langue française. Voici un exemple : "Je vais m'habiller et aller jouer dehors." Il s'agit d'une instruction composée normale, qui utilise le mot " et " pour dire deux choses. De la même manière, nous pouvons effectuer un test en Python pour vérifier si ces deux énoncés sont vrais. L'une des conditions peut être fausse, et aucun code ne sera alors exécuté car nous avons besoin que les deux soient vraies. C'est quelque chose que nous faisons tous les jours, en dehors du monde de la programmation. Voici quelques exemples : "Si j'ai de la fièvre et le nez qui coule, je resterai au lit", "S'il pleut ou qu'il gèle dehors, je porterai un manteau épais", "S'il n'y a pas de vent, je porterai juste un pull." Dans ces exemples, vous remarquerez qu'il y a plus d'un "opérateur". Lorsqu'il s'agit d'instructions composées, nous devons faire attention aux opérateurs logiques. Gardez ces exemples concrets à l'esprit pendant que vous lisez sur les opérateurs :

1.   And *("Et")* : C'est le premier opérateur que nous avons utilisé dans le premier exemple de la vie quotidienne. En programmation, il s'écrit comme suit : if firstCondition and secondCondition. Les instructions qui seront écrites pour cette instruction if composée ne seront exécutées que si les deux conditions sont vraies.

2.   Or *("ou")* : Cet opérateur est utilisé dans le deuxième exemple réel ci-dessus et, en programmation, il s'écrit comme suit : if firstCondition or secondCondition. Le résultat sera vrai, si l'une des deux conditions est vraie. Une seule d'entre elles doit être vraie pour que le code qui fait partie de l'instruction if soit exécuté.

3.   Not *("non")* : Le dernier exemple ci-dessus nous montre comment fonctionne l'opérateur "not". Voici la syntaxe Python de cet opérateur : If not (condition). Le résultat sera vrai, seulement si la condition est fausse.

En suivant ces règles concernant les instructions composées, vous pouvez les essayer par vous-même. Il vous suffit d'appliquer ce que vous avez déjà appris sur les instructions if, ainsi que la syntaxe et les règles qui accompagnent les instructions if composées. Si vous êtes arrivé jusqu'ici, vous connaissez suffisamment la programmation Python pour commencer doucement à faire des choses par vous-même. Ne soyez pas anxieux, relisez simplement les directives et, avec une touche de créativité, vous vous en sortirez très bien.

Résumé

Dans ce chapitre, vous avez appris l'un des éléments les plus importants de la programmation Python. Vous avez appris comment donner à un programme la capacité de prendre des décisions au lieu de simplement attendre une commande de l'utilisateur pour faire quelque chose.

Nous avons commencé ce chapitre en discutant de l'instruction if et de son utilisation. Rappelez-vous que cette instruction conditionnelle fonctionne en permettant au programme d'exécuter un ensemble d'instructions lorsqu'une certaine condition est remplie. Nous pouvons ensuite utiliser le concept des expressions booléennes afin de vérifier un nombre quelconque de conditions en utilisant les opérateurs conditionnels, tels que plus grand que ou moins grand que. En combinaison avec les instructions if, ainsi que les instructions else, nous pouvons permettre au programme d'exécuter un bloc de code qu'une condition soit remplie ou non.

Plus tard dans le chapitre, nous avons amélioré nos instructions en travaillant avec une structure plus complexe. Les instructions if / elif / else nous ont permis de donner au programme plusieurs options afin qu'il puisse prendre une décision plus élaborée. Nous avons créé un classement à l'aide de ces instructions afin que l'utilisateur puisse savoir quelle note il recevrait en fonction du score obtenu lors d'un test. Dans cet exemple, nous avons donné à notre programme la possibilité d'effectuer plusieurs tests pour voir quelle condition est vraie.

En outre, vous avez également appris à connaître les opérateurs logiques qui nous permettent de combiner un nombre quelconque de déclarations. Vous avez appris à utiliser les opérateurs "et", "ou" et "non" de manière appropriée afin que votre programme puisse prendre des décisions plus difficiles.

Maintenant que vous savez comment utiliser les différents types d'instructions conditionnelles, vous êtes prêt à créer des programmes plus complexes et même à créer des jeux amusants pour vos amis. Dans le chapitre suivant, nous allons nous concentrer sur le côté pratique de la programmation en appliquant tout ce que vous avez appris jusqu'à présent.

Chapitre 6:

Projets et Jeux Amusants

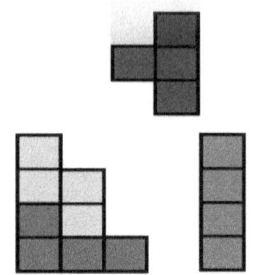

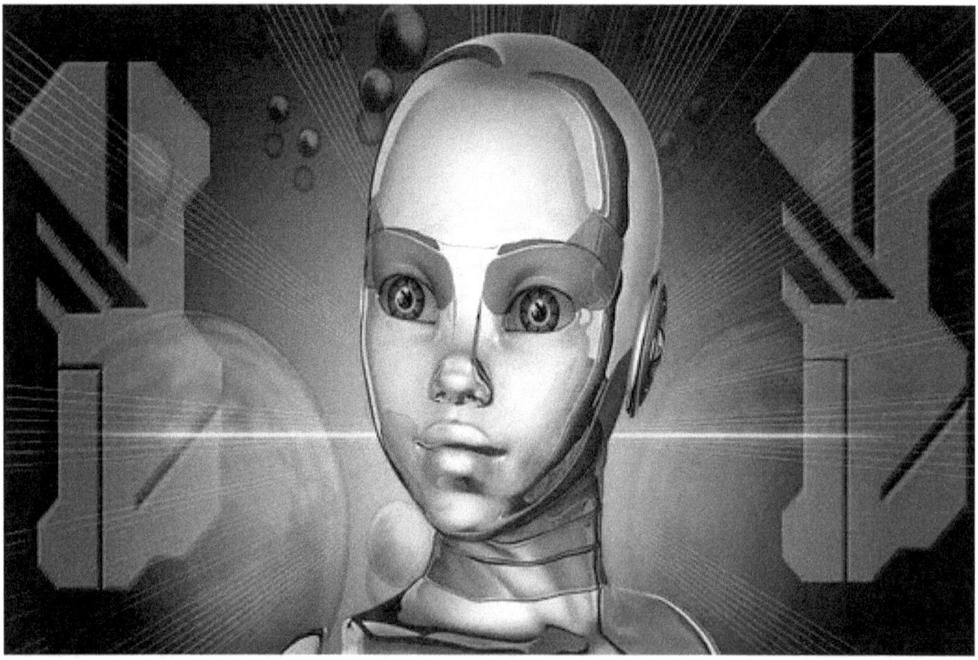

Maintenant que vous avez fini d'apprendre toutes les bases de la programmation avec Python, il est temps de tout mettre en application. Dans ce chapitre, nous allons utiliser presque tout ce dont nous avons parlé jusqu'à présent pour nous amuser et créer quelques jeux.

Comme les jeux sont plus intéressants lorsque l'ordinateur est plus directement impliqué, nous allons beaucoup utiliser les instructions conditionnelles. Après tout, les jeux sont plus amusants lorsque l'ordinateur est un adversaire de taille qui essaie de vous battre. Donc, avant de continuer, assurez-vous de bien comprendre le fonctionnement des conditionnels. Pratiquez également les autres concepts de programmation afin de vous rafraîchir la mémoire. Les définitions de fonctions et les opérations mathématiques seront toujours utiles lors du développement d'un jeu.

Dans cette optique, nous allons créer dans ce chapitre quelques jeux qui reposent sur le hasard. Nous allons créer les jeux Pierre, Feuille et Ciseaux, Choisir une carte et Deviner. Ces trois jeux reposent sur le hasard, l'ordinateur devra donc choisir un nombre aléatoire, ou bien Pierre, Feuille ou Ciseaux. Ces jeux sont des classiques, surtout de nos jours dans le monde de la programmation car ils permettent de mettre en pratique les bases. Nous allons programmer l'ordinateur pour qu'il fasse des choix et des décisions aléatoires et pour cela, nous devons planifier nos jeux de manière intelligente. Alors, allons-y !

Pierre, Feuille et Ciseaux

Le premier jeu sera Pierre, Feuille et Ciseaux, qui est normalement joué par deux personnes, mais dans ce cas, ce sera vous contre l'ordinateur. La première chose à faire lors de la création d'un jeu est le brainstorming. Prenez un stylo et du papier et réfléchissez à la manière dont le jeu devrait être conçu. Commencez par considérer les règles du jeu, et ne vous préoccupez qu'ensuite de l'aspect programmation.

Ce jeu classique consiste à choisir un objet parmi trois, comme son nom l'indique. Une fois les deux choix effectués, les objets sont révélés pour voir qui gagne. Le joueur qui gagne est déterminé par trois règles simples. La pierre va écraser les ciseaux, tandis que les ciseaux coupent le papier et que le papier recouvre la pierre.

Pour gérer ces règles, nous allons créer une liste de choix, similaire à la liste de couleurs que nous avons créée auparavant dans certains de nos programmes de dessin. Puis nous ajouterons une fonction de sélection aléatoire qui représentera le choix de l'ordinateur. Ensuite, le joueur humain devra faire son choix. Enfin, le gagnant sera désigné à l'aide d'un certain nombre d'instructions if.

Avant de continuer avec le code, vous devriez commencer à effectuer ces étapes par vous-même. Vous avez déjà le plan et vous savez quelles étapes vous devez suivre. Il suffit donc de diviser le jeu en sections faciles et de travailler sur l'une d'elles à la fois. Si vous ne vous rappelez pas comment écrire correctement une instruction if, retournez au chapitre sur les instructions if et rafraîchissez votre mémoire. Le but de ce chapitre est de vous aider à utiliser ce que vous savez déjà. Faites donc un essai avant de lire le code suivant.

Avez-vous déjà essayé de créer votre propre version du jeu ? Si oui, bravo ! Même si vous ne l'avez pas complètement terminé ou si vous avez écrit le jeu et que vous obtenez quelques erreurs, vous devriez quand même vous récompenser d'avoir essayé. Maintenant, parcourons le code et voyons comment ce jeu devrait se dérouler:

```
import random

selectionChoices = [ "rock", "paper", "scissors"]

print ("Rock beats scissors. Scissors cut paper. Paper covers rock.")

player = input ("Do you want to choose rock, paper, or scissors? (or quit) ?")

while player != "quit":

        player = player.lower ()

        computer = random.choice(selectionChoices)

        print("You selected " +player+  ",and the  computer
selected"+computer+  ".")

        if player == computer:

                print("Draw!")

        elif  player == "rock":
```

```python
            if computer == "scissors":

                print ("Victory!")

        else:

                print("You lose!")

    elif player == "paper":

        if computer == "rock":

                print("Victory!")
        else:

                print("You lose!")

    elif player == "scissors":

        if computer == "paper":

                print ("Victory!")
        else:

                print("You lose!")

    else:

        print("Something went wrong…")

        print()
```

(Source : https://rosettacode.org/wiki/Rock-paper-scissors récupéré en Mars 2021)

```
import random
selectionChoices = [ "rock", "paper", "scissors"]
print ("Rock beats scissors. Scissors cut paper. Paper covers rock.")
player = input ("Do you want to choose rock, paper, or scissors? (or quit)?")
while player!="quit":
    player = player.lower ()
    computer=random.choice(selectionChoices)
    print("You selected"+player+",and the computer selected"+computer+".")
    if player == computer:
        print("Draw!")
    elif player == "rock":
        if computer == "scissors":
            print ("Victory!")
        else:
            print("You lose!")
    elif    player == "paper":
        if computer == "rock":
            print("Victory!")
        else:
            print("You lose!")
    elif  player  == "scissors":
        if computer == "paper":
            print ("Victory!")
        else:
            print("You lose!")
    else:
        print("Something went wrong…")
        print()
    player = input ("Do you want to choose rock, paper, or scissors? (or quit)?")
```

Décomposons maintenant le code et discutons de chaque étape.

Tout d'abord, nous importons le paquetage aléatoire qui nous permet d'utiliser un certain nombre de fonctions dont nous allons tirer parti pour donner à l'ordinateur la capacité de faire des choix aléatoires. Ensuite, nous créons une liste pour les trois objets du jeu et imprimons les règles du jeu afin que le joueur humain les connaisse. L'ordinateur saura déjà quoi faire puisqu'il est programmé, après tout. Ensuite, nous demandons au joueur de taper son choix, puis une boucle est exécutée pour vérifier le choix du joueur. Le joueur a également la possibilité de quitter la fenêtre d'invite, et lorsque cela se produit, le jeu est terminé. Notre boucle s'assure que si le joueur ne choisit pas l'option quitter, le jeu se poursuivra.

L'étape suivante consiste à demander à l'ordinateur de sélectionner l'un des trois objets du jeu. Ce choix est fait de manière aléatoire et l'objet sélectionné est mémorisé dans une variable appelée "ordinateur". Une fois le choix mémorisé, la phase de test commence pour voir quel joueur va gagner. Tout d'abord, une vérification est effectuée pour voir si les deux joueurs ont choisi le même objet. Si c'est le cas, le résultat est un match nul et personne ne gagne. Ensuite, le programme vérifie si le joueur a choisi la pierre, puis il regarde l'ordinateur pour voir s'il a choisi les ciseaux. Si c'est le cas, la règle dit que la pierre bat les ciseaux, et le joueur gagne donc. Si l'ordinateur n'a pas choisi la pierre et n'a pas non plus choisi les ciseaux, il a certainement choisi la feuille de papier. Dans ce cas, l'ordinateur gagne. Ensuite, nous avons deux instructions elif où nous effectuons deux autres tests pour vérifier si le joueur a choisi la feuille de papier ou les ciseaux. Ici, nous avons également une instruction qui vérifie si le joueur a choisi quelque chose qui n'est pas l'un des trois éléments possibles. Si c'est le cas, un message d'erreur est envoyé pour indiquer au joueur qu'il a choisi quelque chose qu'il n'est pas autorisé à faire, ou qu'il a mal saisi la commande.

Enfin, l'utilisateur est invité à taper la sélection suivante. C'est là que la boucle principale revient au début. En d'autres termes, le jeu commence une nouvelle partie de pierre-feuille-ciseaux.

Ce jeu est simple, mais il est amusant car tout le monde peut gagner. L'ordinateur a une chance de vous battre et il y a aussi une chance réelle de finir par un match nul. Maintenant que vous savez comment créer un jeu de type aléatoire, voyons d'autres exemples à ajouter à notre ludothèque tout en apprenant la programmation Python.

Devinez !

Ce projet sera un autre jeu amusant basé sur le hasard qui utilisera le module aléatoire. Le but du jeu sera de choisir un nombre entre un minimum et un maximum, puis l'adversaire essaiera de deviner ce nombre. Si le joueur devine un nombre supérieur, il devra essayer un nombre inférieur, et inversement. Seule une correspondance parfaite se traduira par une victoire.

Nous avons déjà comparé des nombres dans les chapitres précédents en utilisant l'instruction if. Nous avons également utilisé la fonction input pour interagir avec le programme et nous allons l'utiliser à nouveau ici. En outre, nous aurons également besoin d'une boucle while.

Dans ce projet, le module aléatoire est nécessaire en raison de certaines fonctions spécifiques. Par exemple, nous savons que nous devons générer un nombre aléatoire, nous utiliserons donc une fonction appelée "randint" qui signifie "random integer". La fonction aura deux paramètres, qui représentent le nombre minimum que nous pouvons avoir, ainsi que le maximum. Vous pouvez essayer cette fonction par vous-même. Il suffit d'importer le module et de taper ce qui suit :

import random

random.randint (1, 20)

Python va maintenant générer automatiquement un chiffre aléatoire compris entre 1 et 20. Gardez à l'esprit que les valeurs minimales et maximales sont incluses dans la génération des nombres. Par conséquent, Python peut également générer les nombres 1 ou 20. Vous pouvez tester cette commande autant de fois que vous le souhaitez pour vous assurer que vous obtenez vraiment des valeurs aléatoires. Si vous l'exécutez assez souvent, vous verrez que certaines valeurs se répéteront, et si la plage est suffisamment large, vous ne rencontrerez peut-être même pas certains nombres, quel que soit le nombre de fois où vous exécutez le code. Ce qui est intéressant dans cette fonction, c'est qu'elle n'est pas vraiment aléatoire. Il s'agit d'une remarque secondaire qui n'affectera pas votre programme, mais qui n'en est pas moins intrigante. La fonction randint suit en fait un modèle spécifique et les nombres choisis semblent seulement être aléatoires, mais ils ne le sont pas. Python suit plutôt un algorithme complexe pour ce motif, et nous avons donc l'illusion du hasard. Ceci étant dit, revenons à l'amusement et aux jeux. Créons notre jeu avec le code suivant :

import random

randomNumbers = random.randint (1, 100)

myGuess = int (input ("Try to guess the number. It can be anywhere from 1 to 100:"))

while guess != randomNumbers:

    if myGuess > randomNumbers:

        print (myGuess, "was larger than the number. Guess again!")

    if myGuess < randomNumbers:

        print (myGuess, "was smaller than the number. Guess again!")

    myGuess = int (input ("Try and guess again! "))

print (myGuess, "you got it right! You won!")

```
File  Edit  Format  Run  Options  Window  Help
import random
randomNumbers=random.randint(1, 100)
myGuess = int (input ("Try to guess the number. It can be anywhere from 1 to 100:"))
while myGuess != randomNumbers:
    if myGuess > randomNumbers:
        print (myGuess, "was larger than the number. Guess again!")
    if myGuess < randomNumbers:
            print (myGuess, "was smaller than the number. Guess again!")
    myGuess = int (input ("Try and guess again!"))
print (myGuess, "you got it right! You won!")
```

Voilà, c'est fait ! Avec un peu de chance, vous avez essayé de créer ce jeu tout seul, car vous avez déjà les outils nécessaires pour le faire. N'oubliez pas que la programmation n'est facile que si vous la pratiquez suffisamment par vous-même. Il suffit d'y aller étape par étape. Ceci étant dit, discutons du code au cas où vous auriez besoin d'aide pour comprendre le jeu :

Comme précédemment, nous devons d'abord importer le module random afin de pouvoir utiliser la fonction de génération de nombres aléatoires. Ensuite, nous utilisons la fonction randint avec deux paramètres. Comme mentionné précédemment, ces paramètres sont le nombre le plus bas que nous pouvons deviner, qui est 1, et le nombre le plus haut que nous pouvons deviner, 100. Le générateur de nombres aléatoires générera un nombre dans cette fourchette. Une fois le nombre généré, il est stocké dans la variable "randomNumbers" que nous avons déclarée. Ce nombre ne sera pas connu par le joueur car il devra le deviner. C'est le but du jeu.

Ensuite, le joueur doit deviner le nombre caché. Cette estimation sera alors stockée dans une nouvelle variable appelée "myGuess". Afin de vérifier si la réponse est égale au nombre, nous utilisons une boucle while avec l'opérateur "not equal to". En effet, si le joueur a de la chance et devine le nombre correctement dès la première tentative, la boucle ne s'exécute pas car elle n'en a pas besoin.

Ensuite, si le joueur devine le mauvais numéro, nous avons deux instructions if qui vérifient si la valeur devinée est supérieure ou inférieure au numéro caché. Un message approprié est alors imprimé pour le joueur dans chaque cas. Dans les deux cas, le joueur a une nouvelle chance de deviner le bon chiffre. Enfin, à la fin, si l'utilisateur a deviné le nombre correctement, le programme déclare la victoire en imprimant un message, puis le programme s'arrête.

Pour rendre le jeu plus intéressant, vous pouvez vous lancer le défi de modifier le générateur de nombres aléatoires afin d'inclure différentes valeurs. Vous pouvez également ajouter une instruction qui permet au jeu d'imprimer le score pour savoir combien de fois le joueur a essayé de deviner le nombre. En outre, puisque le jeu se termine lorsque le joueur a deviné, vous pouvez écrire une boucle principale pour que le joueur puisse choisir de recommencer le jeu au lieu de le quitter automatiquement. Amusez-vous bien et n'ayez pas peur d'essayer quoi que ce soit.

Choisir une carte

Les jeux de cartes sont toujours amusants et ils reposent également sur des éléments aléatoires dans une certaine mesure. Quel que soit le jeu de cartes, les chances d'avoir plusieurs parties identiques sont assez faibles. Vous ne risquez donc pas de vous ennuyer de sitôt. Avec ce que nous avons vu jusqu'à présent sur la programmation Python, nous pouvons créer un jeu de cartes. Il ne sera peut-être pas très beau, à moins que vous n'ayez un ami artiste qui dessine tout pour vous, mais vous pouvez toujours créer les graphiques à l'aide du module Turtle comme nous l'avons fait pour d'autres projets. Cela demandera cependant un peu de patience. Dans tous les cas, nous pouvons créer un jeu de cartes même sans graphiques en générant simplement le nom de chaque carte. Au lieu de voir une carte virtuelle, nous verrons le nom "quatre de pique", ou "reine de cœur".

Avant de continuer, vous devez noter que ce projet est votre défi. Vous avez appris tout ce dont vous avez besoin pour écrire un tel jeu, et nous avons déjà créé deux autres projets assez similaires. Cette fois, vous êtes donc presque entièrement seul. Comme d'habitude, commencez avec un stylo et du papier et réfléchissez à tout de manière logique. Occupez-vous du code ensuite. Cependant, pour vous aider un peu, nous allons faire un brainstorming ensemble pour vous donner quelques idées.

L'un des jeux de cartes les plus simples que nous pourrions créer est un jeu avec deux joueurs qui s'affrontent pour savoir qui tire la carte ayant la valeur la plus élevée ("La Bataille"). Chaque joueur tire au hasard une carte du paquet et celui qui a la carte la plus élevée gagne. Il s'agit d'un jeu simple, mais amusant en raison de l'élément aléatoire.

Comme nous n'utiliserons pas de graphiques, nous devrons créer notre jeu de cartes d'une autre manière. Nous allons les configurer comme une liste de chaînes de caractères puisque nous utiliserons leurs noms à la place. Ensuite, nous devons donner aux joueurs la possibilité de tirer une carte au hasard dans le jeu. Cela signifie que nous allons utiliser le module aléatoire une fois de plus et que nous allons ajouter une fonction de choix qui distribue les cartes de façon aléatoire aux joueurs. Enfin, nous avons besoin d'un moyen de comparer les deux cartes qui sont tirées par les deux joueurs. Comme vous l'avez probablement deviné, il s'agit d'un cas pour les opérateurs de comparaison.

C'est à peu près tout ce qu'il faut pour créer un jeu de cartes. Vous pouvez ajouter d'autres fonctionnalités, ou en supprimer certaines si elles ne vous intéressent pas. Quoi que vous fassiez, concevez le jeu sur papier afin de connaître vos objectifs. Ensuite, travaillez sur ces objectifs, une ligne de code à la fois. De cette façon, vous écrirez votre jeu en un rien de temps et vous serez en mesure de résoudre rapidement les problèmes que vous rencontrerez.

Quiz ? ☺

Testons vos connaissances sur les boucles, les conditionnels, les opérateurs et bien plus encore ! Faites de votre mieux pour répondre aux questions, puis rendez-vous au chapitre " Réponses aux Quiz " pour vérifier les résultats.

1. Qu'est-ce que l'itération ?

Un test de programme.

Une décision.

La répétition de certaines étapes.

2. Quels énoncés utiliseront l'itération?

if et while

for et while

if et else

3. L'affirmation suivante est-elle vraie ?

La boucle while va itérer jusqu'à ce que l'on dise le contraire.

Vrai

Faux

4. Quel symbole est traduit par "égal à" en Python ?

=

!=

==

5. La déclaration 5 >= 5 est-elle Vrai ?

Oui.

Non.

6. Quelle boucle est utilisée pour répéter une instruction un nombre spécifique de fois ?

indentation

la boucle for

la boucle while

7. Quel type de données ne peut être que vrai ou faux ?

nombre entier

booléen

flottant

8. Quel symbole doit être placé à la fin d'une instruction conditionnelle ?

;

:

...

9. L'affirmation suivante est-elle correcte ?

Les boucles de répétition se répéteront si la condition est vraie.

Vrai

Faux

10. Quel symbole signifie supérieur ou égal à ?

\>\>

=>

>=

Résumé

Dans ce chapitre, vous avez pris tout ce que vous avez appris jusqu'à présent et l'avez mis en pratique pour créer quelques jeux amusants. Rien n'améliore mieux l'apprentissage que l'utilisation de jeux pour étudier. Vous avez conçu et codé avec succès trois jeux basés sur le hasard en utilisant des instructions conditionnelles, des boucles et avec un peu d'aide du module aléatoire. Avec un peu de chance, vous avez essayé de créer ces jeux par vous-même, car on apprend mieux en essayant, même si on finit par échouer. C'est pourquoi nous avons également abordé les deux premiers jeux ensemble, code inclus.

Le troisième jeu, cependant, vous est laissé comme une sorte de défi final. Vous avez l'idée de base du jeu et ce qu'il faut faire pour l'écrire. Tout ce qu'il faut, c'est un peu de persévérance et de créativité. Alors, amusez-vous à développer des jeux autant que vous vous amuserez à y jouer !

Chapitre 7:

Glossaire

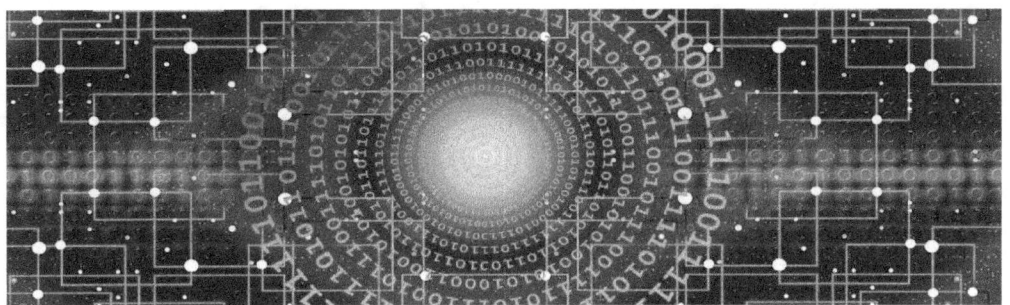

Lorsque l'on apprend un langage de programmation, ou la programmation en général, on ne peut s'empêcher de rencontrer de nombreux termes que l'on ne comprend pas. Beaucoup de ces termes ne sont pas utilisés dans notre vocabulaire quotidien, ou bien ils ont une signification complètement différente dans le monde de la programmation. C'est pourquoi vous trouverez dans ce glossaire les termes les plus importants utilisés dans ce livre.

Algorithme

Une collection d'instructions qui sont utilisées pour atteindre un objectif. Imaginez un certain nombre d'ingrédients pour une recette.

Appendice

Introduire quelque chose à la fin de quelque chose. Par exemple, ajouter des éléments à la fin d'une liste.

Argument

Transmettre une valeur à une fonction. Parfois appelé paramètre.

Booléen

Une expression qui ne peut être que vraie ou fausse.

Concaténer

Combiner deux chaînes de caractères pour n'en former qu'une seule.

Expression conditionnelle

Une déclaration qui donne au programme la possibilité de vérifier une certaine valeur et d'effectuer un ensemble d'actions en fonction de celle-ci.

Expression

Un ensemble de variables, de valeurs, de fonctions et d'opérateurs qui conduisent à un résultat.

Boucle For

Type d'instruction dans les langages de programmation qui répète une section de code en fonction d'une plage de valeurs.

Fonction

Un ensemble d'instructions qui peuvent être réutilisées pour effectuer diverses actions.

Importation

Apporter un bloc de code réutilisable ou un ensemble de fonctions à l'intérieur d'un programme afin d'avoir accès à ses fonctionnalités.

Index

La position d'un élément dans une liste.

Initialiser

Assigner la première valeur à une variable, ou à tout autre élément, en d'autres termes, lui donner sa valeur initiale.

Entrée

Entrée de données dans un programme ou un système. Une entrée peut provenir d'un clavier, d'une souris ou de tout autre dispositif capable d'enregistrer des informations. Ces périphériques sont également appelés périphériques d'entrée.

Liste

Une collection d'éléments ou de valeurs.

Boucle

Une collection de commandes que le programme va répéter un certain nombre de fois.

Module

Un type de fichier qui contient diverses fonctions, classes et variables qui peuvent être utilisées dans n'importe quel programme une fois importées.

Paramètre

Une variable qui est attachée à une fonction dans sa définition.

Plage

Un ensemble de valeurs comprises entre une valeur minimale et une valeur maximale.

Shell

Une interface utilisateur en ligne de commande qui lit et exécute directement vos commandes. IDLE est un exemple de shell.

Chaîne de caractères

Une séquence de caractères qui peut former des mots ou des phrases. Elle comprend des lettres, des symboles, des chiffres, ainsi que des espaces.

Syntaxe

La structure ou les règles de programmation d'un certain élément de codage. Il s'agit en quelque sorte de la grammaire de la programmation.

Variable

Une valeur avec un nom, qui peut toujours changer dans le programme.

Boucle While

Une instruction qui répète une collection d'instructions pendant qu'une certaine condition est vraie..

Chapitre 8:

Réponses aux Quiz ✅

Voici les réponses au quiz du chapitre 3 qui permet de vérifier si vous connaissez les bases:

1. print

2. NameError: name "f" is not defined

3. Définit une fonction qui ne fait rien.

4. 6

5. Orange

6. Vrai

7. Type Error

8. Error / Name Error

9. Faux

10. 0

Voici les réponses au quiz du chapitre 6 :

1. **La répétition de certaines étapes.**

2. for et while

3. Vrai

4. ==

5. Oui

6. La boucle for

7. **booléen**

8. :

9. Faux

10. >=

Conclusion

Vous êtes arrivé jusqu'au bout et avez appris beaucoup de choses sur la programmation en Python, ainsi que sur la programmation en général. Lorsque vous avez commencé, vous ne saviez probablement pas si la programmation était un sujet qui vous convenait, mais si vous êtes arrivé jusqu'ici, cela signifie que vous êtes au moins curieux et suffisamment capable pour devenir vous-même un codeur.

Grâce à ce livre, vous avez appris toutes les bases de la programmation Python. Notez que cela signifie que vous avez également appris les bases de la programmation en général, car les principaux concepts qui apparaissent dans Python sont également valables pour d'autres langages tels que C, C++, Java, etc.

Ceci étant dit, résumons brièvement ce que vous avez appris jusqu'à présent :

1.   Vous avez commencé par les bases, en apprenant à télécharger et à installer Python. Vous ne vous souvenez probablement même plus de ce que vous avez ressenti en partant de rien.

2.   Le premier véritable concept que vous avez appris est celui des variables. Vous avez exploré différents types de variables tels que les nombres, les chaînes de caractères et les listes.

3.   Ensuite, vous avez progressé vers les fonctions. Vous avez appris à rendre votre code réutilisable pour éviter d'écrire des quantités fastidieuses de code. N'oubliez jamais que les fonctions sont l'un des éléments fondamentaux de la programmation.

4.   Dans le quatrième chapitre, vous avez enrichi vos connaissances de la programmation avec des boucles. Vous avez appris comment les boucles for et while sont utilisées pour créer des programmes plus complexes, ainsi que les boucles imbriquées.

5.   Vous êtes ensuite passé à l'utilisation d'instructions conditionnelles pour rendre vos programmes plus intelligents. Des instructions comme If et Else seront utilisées dans tous vos programmes en raison de leur polyvalence.

6.   Enfin, vous avez créé plusieurs jeux en utilisant toutes ces connaissances que vous avez rassemblées au cours de ce livre.

Lorsque vous résumez le tout comme cela, vous pouvez penser que vous n'avez pas appris grand-chose. Cela ne pourrait pas être plus éloigné de la vérité. En fait, vous avez appris la majorité des concepts et des techniques utilisés en programmation.

À partir de maintenant, tout ce que vous allez faire est de polir vos compétences et d'introduire de nouvelles idées qui amélioreront celles que vous venez d'apprendre. Veillez donc à mettre en pratique tout ce que vous venez d'apprendre et vous deviendrez sans aucun doute un bon programmeur. Même si vous avez eu du mal avec certains concepts, décomposez-les en éléments plus simples. Si vous avez toujours besoin d'aide, rejoignez l'une des innombrables communautés de programmation en ligne qui sont absolument conviviales pour les débutants. Apprenez avec d'autres et surtout, amusez-vous car il s'agit d'un voyage vers l'apprentissage d'une compétence d'avenir.

Merci d'avoir lu ce livre et d'avoir appris les bases de la programmation. Le monde a toujours besoin de plus de programmeurs et de développeurs. Si vous trouvez que ce livre vous a été utile et que vous avez beaucoup appris, n'hésitez pas à laisser un commentaire.

References

Chun, W. (2007). *Core Python programming*. Upper Saddle River, NJ: Prentice Hall.

Lutz, M. (2018). *Learning Python*. Beijing: OReilly.

Paz, A. R. de, & Howse, J. (2015). *Python game programming by example: a pragmatic guide for developing your own games with Python*. Birmingham: Packt Publishing.

Romano, F. (2015). *Learning Python: learn to code like a professional with Python - an open source, versatile, and powerful programming language*. Birmingham: Packt Publishing.

www.ingramcontent.com/pod-product-compliance
Lightning Source LLC
Chambersburg PA
CBHW070347220526
45467CB00001B/279